U0935504

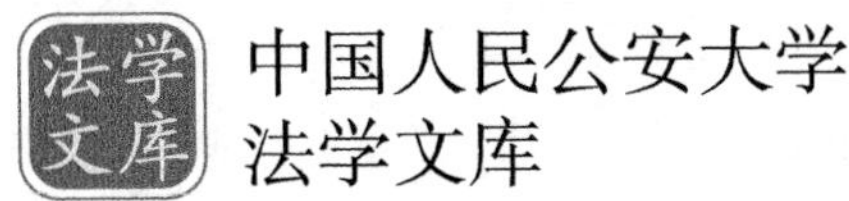

“一带一路”视野下的多维规范体系研究

YIDAIYILU SHIYEXIA DE
DUOWEI GUIFAN TIXI YANJIU

李　驰◇著

中国政法大学出版社

2021 · 北京

图书在版编目（CIP）数据

“一带一路”视野下的多维规范体系研究/李驰著. —北京：中国政法大学出版社，2021.12

ISBN 978-7-5764-0264-3

Ⅰ. ①一…　Ⅱ. ①李…　Ⅲ. ①“一带一路”－国际合作－研究　Ⅳ. ①F125

中国版本图书馆 CIP 数据核字(2022)第 005981 号

出版者　中国政法大学出版社

地　　址　北京市海淀区西土城路 25 号

邮寄地址　北京 100088 信箱 8034 分箱　邮编 100088

网　　址　http://www.cuplpress.com (网络实名：中国政法大学出版社)

电　　话　010-58908285(总编室) 58908433（编辑部）58908334(邮购部)

承　　印　北京九州迅驰传媒文化有限公司

开　　本　880mm×1230mm　1/32

印　　张　5.375

字　　数　160 千字

版　　次　2021 年 12 月第 1 版

印　　次　2021 年 12 月第 1 次印刷

定　　价　35.00 元

前言

“和平合作、开放包容、互学互鉴、互利共赢”是“一带一路”倡议的核心理念。这种理念传承于古丝绸之路精神，也是今日人类世界应有的共同追求。“一带一路”倡议由一系列包容性强的规范性文件组成，既包括原有的规范性文件，也包括不断形成的规范性文件；既与原有的规范性框架相融合，又不断拓展新的规范性范围。目前，中国已与一百多个国家和国际组织签署了200多份共建“一带一路”合作文件。

2020年以来，人类面临着有史以来传播范围最广泛的新冠肺炎疫情挑战。全球经济、人类福祉均遭遇前所未有的重大风险。在这样的风险挑战下，“一带一路”倡议及其相关的一系列规范性文件，为稳定世界经济、快速便利运送防疫物资起到了不可替代的重大作用。“一带一路”框架下的规范性文件以经济合作类为主，同时也包括科技、教育、文化等各领域的诸多文件。经济合作类文件作为共建“一带一路”的基础，不断推动双边、多边合作向纵深发展。

当今世界是一个各国经济、文明高度融合的世界，谁都没有办法在孤岛上生存，团结合作、共同奋进是人类唯一的正确出路。世界人民的和平、发展、幸福有赖于全体成员的守望相助、齐心协力。正如习近平总书记所指出的：“两千多年的交往历史证明，只要坚持团结互信、平等互利、包容互鉴、合作共赢，不同种族、不同信仰、不同文化背景的国家完全可以共享和平，共同发展。这是古丝绸之路留给我们的宝贵启示。"[1]"一带一路"倡议坚持共商共建共享原则，是全球各国和人民建设和谐美丽星球的共同心理写照。

"一带一路"倡议倡导包容性，本身也极具包容性。"中国对外开放……不是要营造自己的后花园，而是要建设各国共享的百花园。"[2]人类社会经过几千年的发展，形成了多姿多彩的文明，文明之间不是要相互替代，而是要交流互鉴。人类文明之所以伟大，正是因其兼容并蓄。世界各地广泛出现的深受当地人喜爱的各种异域服饰、美食、文艺作品，正是文明最美的呈现。

人类社会的和平与发展来之不易，70 多年前，世界人民经过浴血奋战，共同战胜了法西斯主义，和平和真理的阳光再次普照大地。70 多年来，世界各地发生了日新月异的变化，人类不断迈向新的发展高度。人类社会展现出了喜人的发展前景，但仍然面临一系列风险挑战。战争、疾病、饥饿虽然已大幅度减轻，但并未真正离我们远去，叙利亚战争、新冠肺炎疫情、温室效应告诉我们，战争、疾病、饥饿均有可能随时卷土重来。今天，人类面临前所未有的机遇，也面临前所未有的变局，全人类只有在变局中相向而行，才能够共同抓住机遇，实现人类的共同发展。

中华民族历来是一个"海纳百川，有容乃大"的民族，"一带一路"倡议由中国发起，但它属于人类的整个文明。"大道至简，实干为要。"[3]实现人类进步的美好理想，关键在于世界各国秉持和平理念，共同努力。"不积跬步，无以至千里。不积小

---

〔1〕"习近平在纳扎尔巴耶夫大学的演讲"，载人民网：http://cpc.people.com.cn/n/2013/0908/c64094-22843712.html，最后访问日期：2021 年 7 月 1 日。

〔2〕"习近平谈中国对外开放：不是要营造自己的后花园"，载环球网：https://china.huanqiu.com/article/9CaKrnJXqDH，最后访问日期：2021 年 7 月 1 日。

〔3〕习近平："共建创新包容的开放型世界经济——在首届中国国际进口博览会开幕式上的主旨演讲"，载《人民日报》2018 年 11 月 6 日，第 3 版。

流，无以成江海。”〔1〕灿烂的人类文明是几千年不懈奋斗的结果，今天我们站在新的历史起点上，更应以勇气和智慧书写未来的华彩篇章。

〔1〕《荀子·劝学》。

目 录
Contents

第一章 框架性规范体系

第一节 《推动共建丝绸之路经济带和21世纪海上丝绸之路的愿景与行动》

2015年3月，国家发展和改革委员会、外交部、商务部经国务院授权，共同发布了《推动共建丝绸之路经济带和21世纪海上丝绸之路的愿景与行动》。这是关于“一带一路”倡议的一部基础性文件，内容涵盖广泛，包括前言、时代背景、共建原则、框架思路、合作重点、合作机制、中国各地方开放态势、中国积极行动、共创美好未来九个部分。这部文件全面展现了“一带一路”倡议发起时的基础和前景。

一、国际经济危机背景下的复苏与行动

2007年次贷危机对世界经济的影响持续存在，新的不确定、不稳定因素仍不时出现，在这种风险叠加的背景下，习近平总书记提出共建丝绸之路经济带和21世纪海上丝绸之路的倡议。这为世界经济注入了强大的稳定力量。

2000多年前，富于开拓精神的亚欧非人民在亚欧非大陆和海洋上开辟了纵横交错、四通八达的道路贸易体系，被后人称为“丝绸之路”。丝绸之路充分展示了各国各民族之间开拓合作包容的精神，成为人类宝贵的物质和精神财富。

面对今日人类的种种挑战，古丝绸之路蕴涵的合作、开放、共荣精神成为解决难题的良方。丝绸之路所体现的人类互助共济图景

是人类面向未来的必由之路。

二战以来，在关贸总协定、世界贸易组织等国际贸易基础框架下，世界范围内的商品生产和交换取得了长足发展，但面对新挑战，仍然缺乏足够的动力，其中的一部分原因来源于体制机制的滞后。“一带一路”倡议提出的方法路径正是为应对此种挑战而来。

二、作为共建基础的原则

该文件重申《联合国宪章》的基础性作用。联合国是世界和平与稳定的基石性制度构建，是人类有史以来建立的最伟大的和平机制。“一带一路”倡议是内含于国际社会的和平发展机制，尊重《联合国宪章》的宗旨和原则是“一带一路”倡议的应有之义。和平共处五项原则是《联合国宪章》宗旨和原则的进一步深化和具化，是中国在对外交往中恪守的基本原则。在《联合国宪章》与和平共处五项原则的基础之上，文件提出了关于“一带一路”倡议的四项共建原则，分别为“坚持开放合作”“坚持和谐包容”“坚持市场运作”“坚持互利共赢”。

开放合作表明“一带一路”倡议是面向整个人类文明的合作倡议，并不局限于丝绸之路沿线国家。和谐包容表明“一带一路”倡议尊重所有的文明，提倡文明互鉴、文明共荣。市场运作表明“一带一路”倡议是一个可以自身造血、自身形成良性循环的可持续发展机制。互利共赢表明“一带一路”倡议旨在切实增进各国共建合作获得实在利益。

三、“一带一路”倡议的框架思路与合作重点

2015 年，该文件提出了当时“一带一路”倡议的发展思路。丝绸之路经济带旨在打通中国经中亚、俄罗斯至欧洲（波罗的海）；中国经中亚、西亚至波斯湾、地中海；中国至东南亚、南亚、印度洋 3 条经济走廊。21 世纪海上丝绸之路的重点方向在于在打通中国沿海港口过南海到印度洋及欧洲；中国沿海港口过南海到南太平洋两条海上通道。

合作重点主要包括 5 个方面：政策沟通、设施联通、贸易畅通、

资金融通、民心相通。(1) 政策沟通是降低跨境贸易成本的根本举措，相互协调的政策可以极大地减少各种有形和无形的贸易阻碍。(2) 设施联通是提升、连接各国基础设施的根本内容，基础设施是国家发展的基石，相互联通的基础设施是促进共同发展的核心推动力。(3) 贸易畅通是增加各国财富的核心途径，"一带一路"倡议的基本内容便是增加沿线国家之间的贸易量，贸易量的增加可以促进其他各项措施的良性循环。(4) 资金融通是为贸易和基础设施建设提供资金支持，金融是贸易和基础设施的血脉，富含氧气的血脉是保持健康生命体的必要条件。(5) 民心相通是"一带一路"倡议所要达致的崇高目标，民心乃人类社会之根本，只有民心真正相濡以沫，人类命运共同体的伟大目标才能实现。

四、"一带一路"倡议的合作机制

"一带一路"倡议的合作机制立足于现有双边、多边机制，旨在推动完善现有机制持续向纵深发展并不断创造建立新的合作机制。

现有合作机制如上海合作组织、亚洲合作对话、亚信会议、中阿合作论坛等均在促进经济发展、文明互鉴等方面发挥了重要作用。博鳌亚洲论坛、中国-东盟博览会、中国国际投资贸易洽谈会等平台以及大量的双边机制也对促进经贸文化交流持续发挥作用。影响广泛的"一带一路"国际合作高峰论坛也是在该文件中提出的，论坛对促进国际合作更深更广发展起到了重要作用。

合作机制应以现实中发挥良好作用作为设计初衷，"一带一路"倡议与现有各国经贸往来情况以及人民生活深度融合，重在发挥现有机制。建立新的机制既是为创新发展，更是为全面深入发挥现有机制提供助力。

五、中国的实际行动

中国各地区具有不同的区位优势，每个地区的发展均能为全球提供内容各异的推动力。例如，西安是传统陆上丝绸之路的起点，今天仍然是丝绸之路上重要的国际陆港。泉州是传统海上丝绸之路的起点，今天仍然是21世纪海上丝绸之路的重要起点。

中国在不断完善和制定落实“一带一路”倡议的政策法规，中国领导人在国际层面不断引领推动“一带一路”倡议，多种类多层次平台使得“一带一路”理念更加深入人心，中国与越来越多的国家和国际组织签署“一带一路”框架协议，并逐步推动项目具体落地。

第二节 《“一带一路”建设海上合作设想》

2017 年，国家发展和改革委员会、国家海洋局印发《“一带一路”建设海上合作设想》，这是对建设“21 世纪海上丝绸之路”的实质性规划。文件包含时代背景、合作原则、合作思路、合作重点、积极行动 5 个部分。

一、时代背景

海洋孕育了生命，某种意义上，所有生命均来自海洋。海洋为人类提供和拓展了生存空间。人类自古以来就在海洋上活动，特别是郑和下西洋、航海大发现以来，海洋逐渐成为与陆地同样重要的人类活动空间。川流不息的海上贸易为人类带来大量的财富，也不断改写着世界地缘、经济版图。在新时代，无论对于世界经济还是世界和平，海洋均至关重要。

联合国《2030 年可持续发展议程》提出了 17 项可持续发展目标，其中第 14 项目标为：保护和可持续利用海洋和海洋资源以促进可持续发展。《“一带一路”建设海上合作设想》也是中国对这一具体目标的落实。在全球化时代，海洋合作成为各国合作的应有之义。

二、合作原则

文件提出了“一带一路”海上合作的 4 项原则：求同存异，凝聚共识；开放合作，包容发展；市场运作，多方参与；共商共建，利益共享。这 4 项原则体现了人类海洋活动中的正义追求，同时结合了理想的正义与现实的正义，是今日人类所能得到和应该追求的正义。

三、合作思路与重点

文件提出，海上合作的主要方向为："以中国沿海经济带为支撑，密切与沿线国的合作，连接中国-中南半岛经济走廊，经南海向西进入印度洋，衔接中巴、孟中印缅经济走廊，共同建设中国-印度洋-非洲-地中海蓝色经济通道；经南海向南进入太平洋，共建中国-大洋洲-南太平洋蓝色经济通道；积极推动共建经北冰洋连接欧洲的蓝色经济通道。"

关于合作重点，文件提出绿色发展、依海繁荣、安全保障、智慧创新、合作治理的人海和谐发展之路，所提特点既务实又具有前瞻性和引领作用。

（一）绿色发展

保护海洋生态体系，事关人类文明的普遍福祉。清洁美丽的蓝色海洋，是人类的美好意愿与正义职责。

绿色发展是发展的自然要求。文件提出了发展的一些重点方向，例如，红树林、海草床、珊瑚礁海洋生态系统保护，海洋垃圾治理，赤潮监测，海洋和海岸带蓝碳生态系统监测等。

（二）依海繁荣

在"依海繁荣"这一项下，文件提出了6个方面的内容：加强海洋资源开发利用合作、提升海洋产业合作水平、推进海上互联互通、提升海运便利化水平、推动信息基础设施联通建设、积极参与北极开发利用。具体项目的例子包括海洋资源调查、海水养殖、海洋旅游、海运、口岸监管、合作建立北极岸基观测站等。

就近原则是人类生存的基本法则，"依海繁荣"正是这一原则的反映。人类只有尊重和依靠海洋，才能获得海洋的回馈。

（三）安全保障

安全保障这一项下主要包括海洋公共服务合作、海上航行安全合作、海上联合搜救、海洋防灾减灾能力、海上执法合作等领域。具体事项的例子包括北斗卫星导航系统、打击海上犯罪、海上突发事件应急、海洋灾害预警报系统、构建海上执法联络网等。

安全是人类从事各种活动的基础，海上安全更是关乎国际航运贸易的核心要素。保障安全需要完整系统的综合措施，并能随着情势变化实时改进。

（四）智慧创新

智慧和创新始终是引领人类前行的主要动力。这一项下包含深化海洋科学研究与技术合作、共建海洋科技合作平台、共建共享智慧海洋应用平台、开展海洋教育与文化交流、共同推进涉海文化传播等。具体落实的事项包括季风-海洋相互作用观测、海洋生物制药、海洋食品技术、建设海洋科技合作园、建设 21 世纪海上丝绸之路海洋和海洋气候数据中心、建设世界妈祖海洋文化中心、水下考古与发掘、互办海洋文化年、开展涉海文艺创作等。

（五）合作治理

合作治理涉及建立海洋高层对话机制、建立蓝色经济合作机制、开展海洋规划研究与应用、加强与多边机制的合作、加强智库交流合作、加强民间组织合作等领域。具体合作事项包括中国-小岛屿国家海洋部长圆桌会议、中国-南欧国家海洋合作论坛、全球蓝色经济伙伴论坛、编制发布蓝色经济发展报告、建立海洋空间规划国际论坛、建立 21 世纪海上丝绸之路智库联盟等。

四、积极行动

为共同建设 21 世纪海上丝绸之路，中国政府采取了一系列的务实行动，包括高层引领推动、搭建合作平台、加大资金投入、推进内外对接、促成项目落地等。

具体作为包括签署了一系列政府间海洋领域合作协议、建立中国-东盟海洋合作中心、举办 21 世纪海上丝绸之路国际艺术节、设立中国-东盟海上合作基金、实施《南海及其周边海洋国际合作框架计划》、建设浙江海洋经济发展示范区、建设肯尼亚蒙巴萨至内罗毕铁路、建设埃及苏伊士经贸合作区等。

第三节　《第二届“一带一路”国际合作高峰论坛圆桌峰会联合公报》

“一带一路”国际合作高峰论坛是沿线国家领导人以及各界相互交流共建经验、增进互信的重要平台。迄今为止已举办两届，首届在 2017 年，第二届在 2019 年。两届论坛均取得了丰硕成果，为共建“一带一路”带来强大动力。论坛形成了一系列规范性文件，本节以《第二届“一带一路”国际合作高峰论坛圆桌峰会联合公报》（本节中以下简称《联合公报》）为例进行分析。

从国际法上讲，《联合公报》属于“软法”。“软法”有利于多方及时、快速签署，有利于促进合作，有利于形成新的有拘束力的国际法规则。“软法”有利于最终达成有拘束力的国际条约，在世界风云快速变换，充满不确定性的情势下，“软法”具有巨大优势。

《联合公报》第 4 条提出：“古丝绸之路凝聚了和平合作、开放包容、互学互鉴、互利共赢的平等合作精神，为促进互联互通和世界经济增长作出重要贡献。我们期待通过‘一带一路’倡议及其他合作框架与倡议，重振古丝绸之路精神。”古丝绸之路精神是人类的共同财富，代表着人类面向未来的正确选择。

国际法是人类社会几千年来对于自然理性和真理的共同理解，代表着人类社会对于正义的最高认识。以《联合国宪章》为中心的国际法体系，是这种最高认识的现实呈现。《联合公报》重申：“尊重《联合国宪章》宗旨原则和国际法，是我们的共同责任”。人类社会的未来与发展根植于这一承诺的履行。

以人民为中心、互联互通是国际社会发展的支柱性内容。“以人民为中心”既是发展之源，也是最终目标和内容过程。互联互通是人类社会的本性特征，发展人类社会必然是在人与人的相互关系中发展。

一、互联互通的全球共识

《联合公报》第 7 条提出："……互联互通有利于推动增长及经济社会发展、促进商品和服务贸易、带动投资、创造就业机会、增进人文交流，在开放、包容和透明的基础上推动构建全球互联互通伙伴关系将为各方带来机遇……"世界范围内对互联互通存在共识，区域次区域机制蓬勃发展，"一带一路"倡议与其他机制是相互包容、相互促进的关系，积极对接"一带一路"倡议与其他全球、区域、次区域机制将为各方、全球带来发展动力。《联合公报》提及了一系列区域次区域机制，应对这些区域次区域机制展开系统研究，寻找共性，率先实现一些示范性项目。[1]

《联合公报》提出"努力建设包容多元、普遍受益的全球价值链"。人类活动的全球化逐渐形成了全球价值链，价值链的包容普惠性也在不断增强，但其中仍有很多问题亟待解决。例如，知识产权、技术秘密与创新的关系，知识产权既鼓励创新，有时又阻碍创新。二者之间的平衡点在现实中不易把握，友好的国际交流有助于解决这一问题。

习近平总书记指出，"共建'一带一路'倡议，目的是聚焦互联互通，深化务实合作，携手应对人类面临的各种风险挑战，实现互利共赢、共同发展。"全球经济活动具有本质上的一体性，人类生活在同一个地球上，任何行为均会造成对彼此的影响，只有互联互通，才能消除隔阂，实现发展。

---

〔1〕 参见《联合公报》第 9 条规定："……我们强调有关倡议和合作框架所带来的机遇，包括：三河流域经济合作战略总体规划（2019-2023）、非盟及非洲基础设施发展规划、亚太经合组织互联互通蓝图、阿拉伯国家联盟、东盟及东盟互联互通总体规划 2025、东盟智慧城市网络、东盟'链接互联互通'倡议、亚欧会议互联互通工作组、东盟东部增长区、中亚互联互通倡议、拉美和加勒比国家共同体、迪拜丝绸之路战略、欧盟欧亚互联互通战略、中欧互联互通平台、欧盟东部伙伴关系、欧亚经济联盟、欧亚伙伴关系、中非合作论坛、大湄公河次区域经济合作、全球基础设施互联互通联盟、'全球集团倡议'、澜沧江-湄公河合作、美洲国家组织、太平洋联盟、太平洋岛国论坛、地中海联盟及其他次区域和区域合作倡议"。

二、基础设施建设

基础设施建设是《联合公报》的重要内容之一。《联合公报》提出："我们将努力建设高质量、可靠、抗风险、可持续的基础设施"，基础设施的质量在很大程度上决定着发展的质量。习近平总书记指出："基础设施是互联互通的基石，也是许多国家发展面临的瓶颈。建设高质量、可持续、抗风险、价格合理、包容可及的基础设施，有利于各国充分发挥资源禀赋，更好融入全球供应链、产业链、价值链，实现联动发展。"基础设施建设是重大的技术、资金、理念、社会问题，需要多种要素的共振才能真正落地。"一带一路"沿线国家既有基础设施建设的供给国，也有基础设施建设的需求国，能够形成基础设施建设的良性循环。"一带一路"沿线国家精诚合作，世界级的基础设施水平便能够实现。

三、可持续发展

可持续发展是将人类作为一个整体，考虑到所有人的利益，包括过去的人和未来的人，同时也要考虑到自然本身的利益，自然本身的利益最终也会转化为人类的利益。正如世界环境与发展委员会在《我们共同的未来》中所提出的，可持续发展是既能满足当代亦不损害未来世代满足其需求的发展。[1]可持续发展已经成为当今世界最重要的主题之一，世界各国均在积极落实联合国《2030年可持续发展议程》。《联合公报》的主旨之一即落实联合国《2030年可持续发展议程》。例如，《联合公报》第23条提出："为保护地球免于退化，我们期待建设更具气候韧性的未来，加强在环保、循环经济、清洁能源、能效、综合可持续水资源管理等领域合作，包括根据国际公认的原则和义务对受到气候变化不利影响的国家予以支持，从而在经济、社会和环境三方面以平衡和综合的方式实现可持续发展……"人与自然和谐共生是今代和后世人类必须遵守的基本

〔1〕 See World Commission on Environment and Development, *Our Common Future*, Oxford University Press, 1987, p. 43.

法则。习近平总书记指出："大自然是包括人在内一切生物的摇篮，是人类赖以生存发展的基本条件。大自然孕育抚养了人类，人类应该以自然为根，尊重自然、顺应自然、保护自然。"[1]人类来自自然，与自然命运与共，保护自然就是在保护自己。人类只有以切实的行动保护自然，才能实现人与自然的永续发展。

第四节　联合国《2030 年可持续发展议程》

"本议程是为人类、地球与繁荣制订的行动计划"是联合国《2030 年可持续发展议程》（本节中以下简称《议程》）的第一句话。这句话充分体现了人类的责任、坚定、奋进、能力、荣誉和高尚。议程是人类对正义的认识和追求。议程当中提出的具体目标是对正义的具体解释。

"一带一路"倡议的宗旨与《议程》的目标完全契合，"一带一路"倡议是落实《议程》的实际行动。

《议程》确定了 17 个目标，每个目标由若干具体目标组成。这 17 个目标分别为：在全世界消除一切形式的贫困；消除饥饿，实现粮食安全，改善营养状况和促进可持续农业；确保健康的生活方式，促进各年龄段人群的福祉；确保包容和公平的优质教育，让全民终身享有学习机会；实现性别平等，增强所有妇女和女童的权能；为所有人提供水和环境卫生并对其进行可持续管理；确保人人获得负担得起的、可靠和可持续的现代能源；促进持久、包容和可持续的经济增长，促进充分的生产性就业和人人获得体面工作；建造具备抵御灾害能力的基础设施，促进具有包容性的可持续工业化，推动创新；减少国家内部和国家之间的不平等；建设包容、安全、有抵御灾害能力和可持续的城市和人类住区；采用可持续的消费和生产模式；采取紧急行动应对气候变化及其影响；保护和可持续利用海

---

〔1〕 习近平："共同构建人与自然生命共同体——在'领导人气候峰会'上的讲话"，载《人民日报》2021 年 4 月 23 日，第 2 版。

洋和海洋资源以促进可持续发展；保护、恢复和促进可持续利用陆地生态系统，可持续管理森林，防治荒漠化，制止和扭转土地退化，遏制生物多样性的丧失；创建和平、包容的社会以促进可持续发展，让所有人都能诉诸司法，在各级建立有效、负责和包容的机构；加强执行手段，重振可持续发展全球伙伴关系。

一、在全世界消除一切形式的贫困

贫困威胁到人的基本生存。1.25 美元是议程引用的极端贫困标准。[1]很难想象一个人类个体如何使用不足 1.25 美元生活一天。食物、水、衣物、住所、交通、医疗等所需的费用如果压缩至 1.25 美元之内，今日世界的科技与财富便基本与之隔离。贫困扭曲人格，有违人类生存、发展、进化的基本意义。在世界范围内消除贫困，不仅是帮助身处贫困之人，也是在解放人类整体。

为此，《议程》庄严宣告："在踏上这一共同征途时，我们保证，绝不让任何一个人掉队。我们认识到，人必须有自己的尊严，我们希望实现为所有国家、所有人民和所有社会阶层制定的目标和具体目标。我们将首先尽力帮助落在最后面的人。""尽力帮助落在最后面的人"是人类对自我和自然认知的高级呈现，是在实践中表现出的人性辉煌。

《议程》提出："根据惠及贫困人口和顾及性别平等问题的发展战略，在国家、区域和国际层面制定合理的政策框架，支持加快对消贫行动的投资。"在各个层面上根据既定的认识行动起来，是战胜贫困的关键。中国将精准扶贫作为三大攻坚战的内容之一，历史性地解决了绝对贫困问题，提前 10 年完成了联合国《议程》所设定的目标。中国的实践表明，绝对贫困是可以消除的。

二、消除饥饿，实现粮食安全，改善营养状况和促进可持续农业

民以食为天，农业发展是人类的根基。在曾经长达 200 多万年

〔1〕 该数值会根据情况发展进行适当的调整。

的时间里，人类以采集狩猎为生。[1]距今1万多年前，人类驯化谷物，种植业开始逐渐发展。[2]今天，种植业仍是人类食物的基本来源。保证粮食连续生产，发展可持续农业是人类走向未来的必由之路。

《议程》提出："到2030年，确保建立可持续粮食生产体系并执行具有抗灾能力的农作方法，以提高生产力和产量，帮助维护生态系统，加强适应气候变化、极端天气、干旱、洪涝和其他灾害的能力，逐步改善土地和土壤质量。"粮食可持续生产是一个系统工程，涉及生物、地理、人文等多方因素。饥饿、营养问题又与分配关系密切。议程希望实现"所有人，特别是穷人和弱势群体，包括婴儿，全年都有安全、营养和充足的食物"。这需要多方面的努力，既需要国内努力，更需要全球努力。

三、确保健康的生活方式，促进各年龄段人群的福祉

在健康方面，《议程》提出了极具雄心的目标，例如"到2030年，消除艾滋病、结核病、疟疾和被忽视的热带疾病等流行病，抗击肝炎、水传播疾病和其他传染病"；"到2030年，通过预防、治疗及促进身心健康，将非传染性疾病导致的过早死亡减少三分之一。"从发现首例艾滋病开始，人类已经与之搏斗了41年。如果再过10年，艾滋病问题能得到解决，这将是一幅多么美好的画面。癌症、糖尿病、渐冻症、早老症、阿尔茨海默症等目前尚无法全部治愈的疾病是人类发展面临的最大风险之一。如果能将这些最难解决的难题解决一部分，人类的伟大和高尚将展现无余。攻克这些疾病的一个有效措施就是尊重研究这些疾病的科学家。从科学家对人类的贡献来看，他们理应受到更多的尊敬。

〔1〕 参见［以］尤瓦尔·赫拉利：《人类简史：从动物到上帝》，林俊宏译，中信出版社2014年版，第77~78页。

〔2〕 参见［以］尤瓦尔·赫拉利：《人类简史：从动物到上帝》，林俊宏译，中信出版社2014年版，第77~78页。

四、确保包容和公平的优质教育，让全民终身享有学习机会

学习是人之所以为人的根本要素。学习使人可以了解自身和宇宙万物，学习使人拥有了解以无限性为特征的一切存在的智慧。学习是人的使命、本质和过程。

在现实世界中，信息化的地球上仍然存在不具备识字和计算能力的青年和成年男女，这与人类存在的意义是不相符合的。为此，《议程》提出："到 2030 年，确保所有青年和大部分成年男女具有识字和计算能力"。这是一个至关重要的目标，世界各国均应为此而努力。

学习对于人类的重要性，从整个人类历史观之，人类认识得并不够。学习是人生存的重要内容，学习应该得到奖赏。普遍实行的奖学金制度正是为此而生，但是普遍性还不够。世界各国均应大力推广学习，学习应该成为人日常收入的来源之一，税收的一部分应支持公民学习。如果学习可以获得收入，人类的整体素质将迅速大幅提升。

五、实现性别平等，增强所有妇女和女童的权能

女性是人类社会之所以存在的原因之一，没有女性就没有人类社会，女性应获得其应有的地位和权能。《议程》提出："消除童婚、早婚、逼婚及割礼等一切伤害行为"。针对女性的割礼本质上是一种损害生殖器官的行为。与男性割礼不同，非激进的男性割礼在医学上具有一定程度保持生殖器官卫生的作用。女性割礼对身体的损害进而会损害女性的心理，从而放缓整个人类的进步过程。

《议程》提出："认可和尊重无偿护理和家务"。对无偿护理和家务的轻视是世界范围内普遍存在的问题，这无论对女性还是男性，均是一种不尊重的行为。护理和家务是人类生存发展中不可或缺的重要行为，护理和家务并不像偏见者看起来的那样简单，而是充满了智慧、技巧和责任。因此，护理和家务应该得到认可和奖赏。政府应研究以某种形式对护理和家务行为发放补贴，这既能促进公平和正义，也能促进就业。

六、为所有人提供水和环境卫生并对其进行可持续管理

水是生命之源，人体组成的绝大部分是水。缺水始终是困扰世界很多地区的难题，即便是在一些不缺水的地方，水的质量也令人担忧。

水时刻影响着人类的生命进程，缺水和水质差会对人类的生理和心理产生不良影响，甚至是不可逆转的伤害。世界各地发生的缺水和水污染事件均是明证。

《议程》提出："到 2030 年，通过以下方式改善水质：减少污染，消除倾倒废物现象，把危险化学品和材料的排放减少到最低限度，将未经处理废水比例减半，大幅增加全球废物回收和安全再利用。"这是一个异常艰巨的任务，需要全球共同努力，但凡任何一个国家有一点自私心态，便绝无可能完成。以近年的世界情势观之，情况绝非乐观。

七、确保人人获得负担得起的、可靠和可持续的现代能源

人类发展的过程伴随着对能源的开发和使用。人类对自然力的掌控是从使用火开始的。从此，人类陆续开始学会运用水能、化石能、电能、原子能等。随着人类的发展，人类对能源的需求量越来越大。

《议程》提出："到 2030 年，大幅增加可再生能源在全球能源结构中的比例"。现在大量使用的化石能源是在地球亿万年的地质变迁中形成的，在人类的未来，不可避免地面临着无化石能源可用的局面。人类必须学会开发使用新的可再生清洁能源，太阳能、风能等都是较好的选择。

八、促进持久、包容和可持续的经济增长，促进充分的生产性就业和人人获得体面工作

工作是人获得经济来源的根本途径，也是人口生活的主要内容。一份能够支撑生活的体面工作是幸福的基础。人类的整体活动是由生产、交换、消费的大循环组成的，每个人均须在这个大循环中扮演一个角色，没有人能够生产自身所需的一切，这个角色通常就对应于我们所说的“工作”。因此，充分的生产性就业是美好人类社会的必然条件。

《议程》提出：“推行以发展为导向的政策，支持生产性活动、体面就业、创业精神、创造力和创新。”习近平总书记指出：“发展是解决一切问题的总钥匙。”[1]人类的发展，无论是个体还是国家，均必须立足现有条件，将可做、能做的事情做好，然后不断谋求新的发展。生产、就业、创新均是人类实践精神的体现，符合人类的使命与意义，各国均应对此予以支持和推动。

在这一项下，议程还特别涉及了旅游业和金融业。《议程》提出：“到 2030 年，制定和执行推广可持续旅游的政策，以创造就业机会，促进地方文化和产品”；“加强国内金融机构的能力，鼓励并扩大全民获得银行、保险和金融服务的机会”。旅游业对于一些小岛屿发展中国家至关重要。旅游业能够促进大量就业并能够改善整个人类的精神面貌，促进相互理解。金融的可及性、普惠性可以改变每个人的经济境遇，在世界经济信息化、全球化的今天，不应有任何一个人被排除在全球金融体系之外。

九、建造具备抵御灾害能力的基础设施，促进具有包容性的可持续工业化，推动创新

自然灾害是人类面临的最大威胁之一。人类到目前为止，仍不能完全理解地震、海啸、火山爆发等自然灾害的起因，提升预测准确度仍面临重重困难。在预测准确度短期难以提升的情况下，加强基础设施的坚固程度，是抵御自然灾害的根本方法。

《议程》提出：“发展优质、可靠、可持续和有抵御灾害能力的基础设施，包括区域和跨境基础设施”。坚固的基础设施是保证人类生命财产安全最为现实的可靠手段。议程进一步提出：“到 2030 年，所有国家根据自身能力采取行动，升级基础设施”。我们所要

[1] 习近平：“携手推进‘一带一路’建设——在‘一带一路’国际合作高峰论坛开幕式上的演讲”，载《人民日报》2017 年 5 月 15 日，第 3 版。

做的就是将这些正确的目标落到实处，坚固的基础设施不仅能改变人类的生命图景，还能改变人类的生命观。

十、减少国家内部和国家之间的不平等

人类个体之间在最重要的能力上，例如，免疫系统与病毒作战的能力，并没有显著差别。人与人、国与国之间的不平等，并不符合自然发展的规律。人类历史几千年的发展方向表明，人与人、国与国之间的关系持续向更为平等发展。

《议程》提出："到 2030 年，逐步实现和维持最底层 40%人口的收入增长，并确保其增长率高于全国平均水平"。由于马太效应的存在，这是一个非常难实现的目标，需要国内、国际社会的综合努力。

《议程》提出："确保机会均等，减少结果不平等现象"，在机会均等的情况下，自然竞争会导致结果之间的巨大差异。如何克服自然竞争导致的巨大差异，是摆在各国政府和国际社会面前的难题。现有的治理框架和法律制度显然是不够的，但新的制度设计离形成共识还有很长的路要走。

《议程》提出："改善对全球金融市场和金融机构的监管和监测，并加强上述监管措施的执行"。在今天的世界，金融市场是形成贫富差异的主要原因之一。金融市场是高度专业化的市场，但是进入门槛很低。由于达克效应的存在，缺乏专业知识的投资者往往更有信心。这就造成了这样一种局面：在金融危机中遭受损失的绝大多数是缺乏专业知识的小额投资者。况且，现在的金融市场监管规则并不完善，从世界范围内看仍有利于掌握大量资本的专业投资者。完善监管规则，增强投资者保护是控制贫富差距的当务之急。

十一、建设包容、安全、有抵御灾害能力和可持续的城市和人类住区

在人类的发展过程中，人口不断地向城市聚集，世界范围内已经不乏人口过亿的大城市群。洪水、地震、海啸等仍是威胁大城市群的超级灾害。从科学界的视角来看，人类对洪水有了较好的预测

能力，对于地震、海啸以及火山爆发仍不具备较好的预测能力。

《议程》提出："到 2030 年，大幅减少包括水灾在内的各种灾害造成的死亡人数和受灾人数"，这一愿景有赖于制度和科学的双重进步。

《议程》提出："到 2030 年，减少城市的人均负面环境影响，包括特别关注空气质量，以及城市废物管理等"。居民的生活习惯与城市废物管理的成效息息相关。如果垃圾分类等城市废物管理的习惯不能养成，城市废物管理的目标则极难达成。空气质量的改善依赖于综合措施，需要相关各方的共同努力。

十二、采用可持续的消费和生产模式

消费和生产是人类活动的基本内容。错误的消费和生产模式会给自然环境带来损害，人类必须纠正自身不当的行为方式，做到与自然和谐相处。

《议程》提出："到 2030 年，将零售和消费环节的全球人均粮食浪费减半，减少生产和供应环节的粮食损失，包括收获后的损失"。餐桌上的浪费是非常惊人的，从节约和卫生的角度出发，有必要实施个性化的分餐制度，这样可以极大幅度地减少浪费。

《议程》提出："到 2030 年，通过预防、减排、回收和再利用，大幅减少废物的产生"。当下，人类活动每时每刻产生大量的废物，很多废物直接排放到自然环境中，其中有些非常难降解，比如在海洋中已经形成了以塑料为主的垃圾类大陆，再比如核设施的废弃物也有一些被直接排放到大洋中，有些物质携带放射性甚至会超过百年。现在已经到了必须采取有效行动的时刻，仅仅有愿景和决心已经不能解决问题，再不采取有力行动，地球环境便会遭遇不可逆转的损害。

十三、采取紧急行动应对气候变化及其影响

地球形成适于生命存在的气候是宇宙的奇迹。气候改变影响或威胁着地球上所有物种的生存。今天，气候变化已经到了产生巨大危险的临界点，如果人类社会再不能精诚合作，采取果断措施，地

球气候极有可能遭遇不可逆转的改变，给人类和其他生物带来灭顶之灾。在地球地质史上发生的因气候变化而引起的生命灭绝灾难，如果气候改变失去控制，不排除在未来重演的可能。

《议程》提出：“将应对气候变化的举措纳入国家政策、战略和规划”。因此，世界各国必须迅速积极行动起来，发达国家、发展中国家均应立足自身条件，全力做好自身可为之事。

十四、保护和可持续利用海洋和海洋资源以促进可持续发展

海洋是生命之源，生命发源于水中。地球被称为“蓝色星球”，地球表面的大部分被水覆盖。海上丝绸之路真正开启了人类的海洋时代，今天的人类已经离不开海洋。人类生活不断向远海深海拓展，已经与海洋融为一体。

《议程》提出：“到 2025 年，预防和大幅减少各类海洋污染，特别是陆上活动造成的污染，包括海洋废弃物污染和营养盐污染”。向海水中排放废弃物，在现实中仍大量存在。有些个人、企业，甚至国家表现出了极强的自私心态，无视国际法和国际社会的基本利益，以令人震惊的方式破坏海洋自然环境。国际社会必须积极行动起来，坚决抵制破坏海洋自然环境的自私和不道德的非法行为。

十五、保护、恢复和促进可持续利用陆地生态系统，可持续管理森林，防治荒漠化，制止和扭转土地退化，遏制生物多样性的丧失

森林是地球之肺，森林是生物所需氧气的主要来源。森林能够涵养水源，之所以我们把健康的发展称为“绿色”发展，正是因为这个颜色就来自森林。森林是地球的关键生态系统，对于保持物种多样性有着极其重要的意义。人类的发展，特别是其中不健康的发展方式，千百年来，特别是近代以来，对世界范围内的多处森林造成了近乎毁灭性的破坏。

对于森林等陆地生态系统的保护刻不容缓，议程提出：“到 2030 年，保护山地生态系统，包括其生物多样性，以便加强山地生态系统的能力，使其能够带来对可持续发展必不可少的益处”。

十六、创建和平、包容的社会以促进可持续发展，让所有人都能诉诸司法，在各级建立有效、负责和包容的机构

对于正义的追求是人类永恒的愿望。正义是人类价值的根本，也是自然价值的根本。在现实中实现正义是文明的应有之义。现实中维护正义的关键机构是司法部门。具备公正性和可及性的司法机关是现实正义的代表。

《议程》提出："在各级建立有效、负责和透明的机构"，有效是公民诉诸司法时的基本期望，应加强现有司法机制的有效性，采取措施防止不作为和乱作为。

十七、加强执行手段，重振可持续发展全球伙伴关系

如果说前 16 个目标是目的性目标，那么最后一个目标就是手段性目标。美好的理想只有通过实干才能实现。从议程的视角出发，这些雄心勃勃的目标，只有国际社会精诚合作才能实现。

与中国国内三大攻坚战中的精准脱贫相类似，国际社会理论上也需要对最不发达国家进行精准脱贫。造成贫穷的原因，往往是综合因素，因此脱贫必须采取综合手段，精准发力。

十八、议程的伟大精神和意义

《议程》中对《联合国宪章》有这样一段评价："七十年前，老一代世界领袖齐聚一堂，创建了联合国。他们在世界四分五裂的情况下，在战争的废墟中创建了联合国，确立了本组织必须依循和平、对话和国际合作的价值观。《联合国宪章》就是这些价值观至高无上的体现。"今天，我们确实应该向老一代世界领袖学习。在后疫情时代，人类面临种种严峻挑战，自私心态却在全球此起彼伏。人类必须对此有清醒认识，只有团结起来，才有美好的明天。

《议程》提出："强烈敦促各国不颁布和实行任何不符合国际法和《联合国宪章》，阻碍各国、特别是发展中国家全面实现经济和社会发展的单方面经济、金融或贸易措施。"这也是阻碍当今世界向好的方向发展的核心障碍。摆在人类世界面前的是两大主题：团结革命与科学革命。团结无法实现或不能充分实现，便会阻碍人类

未来的美好图景。

第五节 《联合国宪章》

在“一带一路”倡议的诸多法律文件中，遵守《联合国宪章》是经常述及的国际法基础。联合国是人类迄今为止建立的最强有力的维护世界和平的普遍性国际组织。联合国的建立代表人类的远见卓识以及对自身使命的感悟达到了新的高度。

翻开人类历史，从有文字记载的几千年来看，人类绝大部分时间处于彼此的杀伐征战之中。威尔·杜兰特、阿里尔·杜兰特在《历史的教训》中谈到，在过去有历史记录的3421年中，只有268年没有发生过战争。[1]虽然现实如此，但人类的理想从没有放弃自身的崇高，“没有战争”始终是人类的目标。正如《礼记·礼运》中所表达的：“大道之行也，天下为公”。这一“大道为公”的思想在古今中外各种思想中均有反复的表达，体现了一种人类的基本共识。《联合国宪章》是今天人类对这一共识所能共同达到的最高作为。

《联合国宪章》开篇便写道“我联合国人民同兹决心”，这一极其有力的表达凝结了人类几千年来最高认识的精华，表现了团结、睿智、勇气、奋进。今天，站在新的历史时刻，这一表达始终代表前进方向和努力内容。

一、《联合国宪章》序言

《联合国宪章》由序言，宗旨及原则，会员，机关，大会，安全理事会，争端之和平解决，对于和平之威胁、和平之破坏及侵略行为之应付办法，区域办法，国际经济及社会合作，经济暨社会理事会，关于非自治领土之宣言，国际托管制度，托管理事会，国际法院，秘书处，杂项条款，过渡安全办法，修正，批准及签字20个

---

〔1〕 参见［美］威尔·杜兰特、阿里尔·杜兰特：《历史的教训》，倪玉平、晏绍祥译，中国方正出版社、四川人民出版社2015年版，第137页。

部分组成。

序言以叙事的方式描述了联合国的起源和意义。序言是人类精神的凝结，共由两句话组成。第一句话是："我联合国人民同兹决心，欲免后世再遭今代人类两度身历惨不堪言之战祸，重申基本人权，人格尊严与价值，以及男女与大小各国平等权利之信念，创造适当环境，俾克维持正义，尊重由条约与国际法其他渊源而起之义务，久而弗懈，促成大自由中之社会进步及较善之民生，并为达此目的，力行容恕，彼此以善邻之道，和睦相处，集中力量，以维持国际和平及安全，接受原则，确立方法，以保证非为公共利益，不得使用武力，运用国际机构，以促成全球人民经济及社会之进展，用是发愤立志，务当同心协力，以竟厥功。"这句话可以说是至今人类法律语言中最重要的一句，其中蕴含着诸多法律基本原则。例如，"力行容恕，彼此以善邻之道，和睦相处"所表达的团结原则，"男女与大小各国平等权利之信念"所表达的平等原则，"尊重由条约与国际法其他渊源而起之义务"所表达的法治原则，"促成全球人民经济及社会之进展"所表达的发展原则，"集中力量，以维持国际和平及安全，接受原则，确立方法"所表达的科学方法原则等。

二、《联合国宪章》的宗旨和原则

宗旨和原则是序言所表达意义的具化。联合国的宗旨为：(1) 维持国际和平及安全；并为此目的：采取有效集体办法，以防止且消除对于和平之威胁，制止侵略行为或其他和平之破坏；并以和平方法且依正义及国际法之原则，调整或解决足以破坏和平之国际争端或情势。(2) 发展国际间以尊重人民平等权利及自决原则为根据之友好关系，并采取其他适当办法，以增强普遍和平。(3) 促成国际合作，以解决国际间属于经济、社会、文化及人类福利性质之国际问题，且不分种族、性别、语言或宗教，增进并激励对于全体人类之人权及基本自由之尊重。(4) 构成一协调各国行动之中心，以达成上述共同目的。联合国宗旨的核心在于采取集体方法维护世界和平。和平是人类生存和发展的基础。在核武器、生物武器存在的今天，战争是极有可能毁灭人类的行为。联合国是理念与现实相结合的创造，相比于国际联盟的理想主义，联合国才是真正适合人类现实的制度设计。联合国成立至今70多年来，世界出现了从未有过的和平时代。大国之间不再像过去那样兵戎相见，而是有了解决彼此冲突的韧性机制。联合国虽然并不完美，但它是当下的完美，因此，所有人必须尊重它。

为了实现其意义和宗旨，《联合国宪章》确立了7条原则：(1) 联合国系基于各会员国主权平等之原则。(2) 各会员国应一秉善意，履行其依本宪章所担负之义务，以保证全体会员国由加入本组织而发生之权益。(3) 各会员国应以和平方法解决其国际争端，俾免危及国际和平、安全及正义。(4) 各会员国在其国际关系上不得使用威胁或武力，或以与联合国宗旨不符之任何其他方法，侵害任何会员国或国家之领土完整或政治独立。(5) 各会员国对于联合国依《联合国宪章》规定而采取之行动，应尽力予以协助，联合国对于任何国家正在采取防止或执行行动时，各会员国对该国不得给予协助。(6) 联合国在维持国际和平及安全之必要范围内，应保证非联合国会员国遵行上述原则。(7)《联合国宪章》不得认为授权联合国干涉在本质上属于任何国家国内管辖之事件，且并不要求会员国将该项事件依《联合国宪章》提请解决；但此项原则不妨碍第七章《对于和平之威胁、和平之破坏及侵略行为之应付办法》内执行办法之适用。

《联合国宪章》所确立的原则与一般国际条约有所不同，一般国际条约不能为第三方创设义务。为第三方创设义务不符合正义的要求，一般国际条约不会给第三方施加义务，而《联合国宪章》正是出于正义的要求才给第三国施加了遵守宪章基本原则的义务。

第六节　《中国的北极政策》

2018年1月，国务院新闻办公室发布了《中国的北极政策》白皮书。

一、全球视野中的北极

在这颗蓝色星球上，人类不是单独地生活在地球各处，每一个地方发生的事情均对其他地方有所影响。地球的南北两极均对整个地球产生着巨大影响，南极与北极的情况并不相同，南极主要是冰雪覆盖的大陆，北极则主要是遍布浮冰的大洋。南极、北极在气候、科研等方面与各国紧密相连。

关于北极的法律地位，国际社会尚未达成类似《南极条约》的统一性国际条约，北极的法律地位由诸多国际条约、国际习惯等规定确立，但仍然存在一些空白之处。涉及的国际条约主要有《联合国宪章》《联合国海洋法公约》《斯匹次卑尔根群岛条约》等。

根据《联合国海洋法公约》，北冰洋既包括国家管辖范围内的领海、毗连区、专属经济区，也包括公海和国际海底区域。非北冰洋沿岸国家在北极的公海和国际海底区域享有《联合国海洋法公约》所赋予的权利。关于公海，《联合国海洋法公约》规定了6项自由：捕鱼、航行、飞越、科学研究、铺设海底电缆和管道、建设岛屿。[1]所有国家在北冰洋公海均享有这6项自由。关于国际海底区域，《联合国海洋法公约》规定其是属于全人类的，所有国家均可以在符合条件时对其进行开采。[2]

斯匹次卑尔根群岛，包括熊岛的主权属于挪威，但根据《斯匹次卑尔根群岛条约》，缔约国有自由进出斯匹次卑尔根群岛，包括熊岛的权利，缔约国可自由进行捕鱼、采矿等商业活动和科学研究活动。

随着全球气候变暖，北极地区的自然生态环境正在发生重大变

---

〔1〕 参见《联合国海洋法公约》第87条规定："公海自由 1. 公海对所有国家开放，不论其为沿海国或内陆国。公海自由是在本公约和其他国际法规则所规定的条件下行使的。公海自由对沿海国和内陆国而言，除其他外，包括：(a) 航行自由；(b) 飞越自由；(c) 铺设海底电缆和管道的自由，但受第Ⅵ部分的限制；(d) 建造国际法所容许的人工岛屿和其他设施的自由，但受第Ⅵ部分的限制；(e) 捕鱼自由，但受第二节规定条件的限制；(f) 科学研究的自由，但受第Ⅵ和第XIII部分的限制。2. 这些自由应由所有国家行使，但须适当顾及其他国家行使公海自由的利益，并适当顾及本公约所规定的同'区域'内活动有关的权利。"

〔2〕 参见《联合国海洋法公约》第136条规定："人类的共同继承财产'区域'及其资源是人类的共同继承财产。"

化，海面浮冰逐年减少，与之相关的生态、航道等问题愈发突出。如果北极航道进一步畅通，将对全球经济版图产生重要影响。

二、中国对于北极的认识

北极生态环境变化所引起的全球气候改变深刻影响着中国，正如对全球其他国家的影响一样。在地理上，中国是近北极国家，从概率上受到北极生态变化的影响更大。生态变化对农林牧副渔、山水林田湖草均会产生重大影响，也会对洪水、地震、海啸、火山爆发等地质灾害产生目前人类并不完全了解的影响。全球所有国家均有权利和义务参与北极事务，促进北极在全球可持续发展中发挥重要作用。

《中国的北极政策》白皮书提出：“中国的北极政策目标是：认识北极、保护北极、利用北极和参与治理北极，维护各国和国际社会在北极的共同利益，推动北极的可持续发展。”人类有义务认识北极，因为北极具有重大的科学价值。有能力的国家均应开展北极科学研究，这不仅是对一国的贡献，更是对全人类的贡献。无论是北极的生态环境，还是当地的人文传统，均是地球生态系统和人类文明不可或缺的部分。人类应学会与北极和谐共处，在开发和利用北极的同时，感悟北极的自然和人文精神并予以高度的尊重。

三、参与北极事务

中国参与北极事务的领域首先是科学研究。人类文明经过几千年的发展，已经进入科学时代，了解自身和自然是人类面临的科学使命。《中国的北极政策》白皮书提出：“中国积极开展北极地质、地理、冰雪、水文、气象、海冰、生物、生态、地球物理、海洋化学等领域的多学科科学考察”。北极是地球的一部分，而且相对于地球其他部分是较为特殊的部分，对北极进行全面的科学研究，具有促进人类科学飞跃的巨大作用。

人类活动受到环境的巨大影响，北极地区特殊的气候和生态环境形成了特殊的人文传统。研究北极地区的人文传统能够获得对人类活动规律更深刻的理解，从而更加理解人本身和自然。地球是人类的地球，地球是每一个人的地球，每个人均有权利和义务了解北极，为人类的共同发展作贡献。

保护北极的自然生态环境，对全球具有重要意义，北极是关涉气候变化和物种多样性的重要区域。北极地区的生态环境保护需要沿岸国和非沿岸国的共同努力。保护北极地区的生态环境，重在各国能够按照国际法规则和人类道德的基本精神行事。

随着北冰洋海冰的融化，北极航道的商业价值愈发凸显。北极航道相比其他传统航道有其特有优势，如果能在北极形成一条“冰上丝绸之路”，对于所有参与国家来说均意味着发展机会。

随着全球气候变暖，北冰洋的渔业资源呈现愈加丰富的局面。根据《联合国海洋法公约》的规定，各国均有在北冰洋公海上捕鱼的权利和自由。《中国的北极政策》白皮书提出：“中国支持就北冰洋公海渔业管理制定有法律拘束力的国际协定，支持基于《联合国海洋法公约》建立北冰洋公海渔业管理组织或出台有关制度安排。”

随着科学技术的发展，北极旅游已经成为主要的北极活动之一。旅游是人类好奇心的释放，也是人类相互了解的重要媒介。北极旅游应特别尊重当地文化和生态环境，只有符合尊重、绿色原则的旅游，才是真正健康的旅游业。

北极矿产资源丰富，风能、地热能等清洁能源也颇具优势。白皮书提出：“中国尊重北极国家根据国际法对其国家管辖范围内油气和矿产资源享有的主权权利，尊重北极地区居民的利益和关切，要求企业遵守相关国家的法律并开展资源开发风险评估，支持企业通过各种合作形式，在保护北极生态环境的前提下参与北极油气和矿产资源开发。”

第二章 经济类规范体系

第一节 《亚洲基础设施投资银行协定》

基础设施建设是世界发展的重要动力引擎。现有的制度安排，即以世界银行、亚洲开发银行等机构组成的世界基础设施资金支持体系，远远不能满足现实中的基础设施建设需要。

亚洲的基础设施建设在很多地区十分落后，急需投入资金进行建设。亚洲基础设施投资银行正是为填补这一缺口而生。此外，建立亚洲基础设施投资银行也为本地区抵御金融风险以及稳定全球经济提供了重要力量。亚洲基础设施投资银行的成立给亚洲乃至世界带来了福音。

一、亚洲基础设施投资银行的成立过程

2013 年 10 月，中华人民共和国主席习近平在访问东南亚时倡议筹建亚洲基础设施投资银行。2014 年 10 月，首批意向创始成员国签署《筹建亚投行备忘录》。2014 年至 2015 年，以创始成员国为主的相关各方在北京、阿拉木图、孟买、法兰克福等举行了八次谈判代表会议。2015 年 6 月，意向创始成员国在北京签署《亚洲基础设施投资银行协定》。2015 年 12 月 25 日，《亚洲基础设施投资银行协定》规定的生效条件达到，亚洲基础设施投资银行正式成立。[1]

---

〔1〕 参见《亚洲基础设施投资银行协定》第 59 条规定："至少有十个签署方已交存批准书、接受书或核准书，且签署方在本协定附件一列出初始认缴股本的加总数额不少于认缴股本总额的百分之五十，本协定即告生效。"

二、亚洲基础设施投资银行的宗旨和职能

根据《亚洲基础设施投资银行协定》，亚洲基础设施投资银行的宗旨为：通过在基础设施及其他生产性领域的投资，促进亚洲经济可持续发展、创造财富并改善基础设施互联互通；与其他多边和双边开发机构紧密合作，推进区域合作和伙伴关系，应对发展挑战。

从亚洲基础设施投资银行今天的发展来看，其宗旨在实践中呈现不断深化和拓展的趋势。亚洲基础设施投资银行发源于亚洲，其重心永远是亚洲，但在其壮大过程中会不断惠及世界其他地区。

为达成其宗旨，《亚洲基础设施投资银行协定》赋予其如下职能：推动区域内发展领域的公共和私营资本投资，尤其是基础设施和其他生产性领域的发展；利用其可支配资金为本区域发展事业提供融资支持，包括能最有效支持本区域整体经济和谐发展的项目和规划，并特别关注本区域欠发达成员的需求；鼓励私营资本参与投资有利于区域经济发展，尤其是基础设施和其他生产性领域发展的项目、企业和活动，并在无法以合理条件获取私营资本融资时，对私营投资进行补充；并且，为强化这些职能开展的其他活动和提供的其他服务。

其具体职能与其宗旨和成立的初衷是相互对应的关系。宗旨的达成和初衷的实现依赖于职能的具体运作和实现。截至目前，亚洲基础设施投资银行已经支持了 130 个项目，提供资金支持 259.3 亿美元。[1]

三、亚洲基础设施投资银行的组织机构

亚洲基础设施投资银行的组织机构主要包括理事会、董事会和行长。理事会是银行的权力部门，银行的一切权力归于理事会。董事会一定程度上是理事会在日常事务方面的代表机关。根据《亚洲基础设施投资银行协定》，董事会为银行运行提供指导。银行业务

〔1〕 See AIIB: "Project Summary", https://www.aiib.org/en/projects/summary/index.html, visited on 2021.7.11.

的直接执行机关是行长。行长负责一切日常运行。在执行部分，除了行长之外，还包括副行长、其他高级职员和普通职员。

亚洲基础设施投资银行的组织结构与当今世界主流国际金融组织的设置基本遵循同一范式，为其在全世界范围内被理解和认同打下了良好的物质和精神基础。

四、亚洲基础设施投资银行的资本

亚洲基础设施投资银行的法定股本为1000亿美元。中国是亚洲基础设施投资银行的第一大股东，股份占比超过30%。银行成员认缴初始法定股本时不需全部实际认缴，股本分为待缴股本与实缴股本，实际缴纳的股本占全部股本的20%。实缴股本本身通常再分成5等份，每次缴纳其中的1份。待缴资本除非银行需要偿债，其他情况并不需真实缴纳。

五、亚洲基础设施投资银行的运营

《亚洲基础设施投资银行协定》规定了亚洲基础设施投资银行开展业务的11项原则，包括稳健原则、均衡原则等。[1]根据《亚洲基础设施投资银行协定》第16条，银行可以在其成员国或其他地

---

〔1〕 参见《亚洲基础设施投资银行协定》第13条规定：业务原则 银行应依据下列原则开展业务：（一）银行应按照稳健的银行原则开展业务；（二）银行业务应主要是特定项目或特定投资规划融资、股权投资以及第十五条规定的技术援助；（三）银行不得在成员反对的情况下，在该成员境内开展融资业务；（四）银行应保证其从事的每项业务均符合银行的业务和财务政策，包括但不仅限于针对环境和社会影响方面的政策；（五）银行审议融资申请时，应在综合考虑有关因素的同时，适当关注借款人以银行认为合理的条件从别处获得资金的能力；（六）银行在提供或担保融资时，应适当关注借款人及担保人未来按融资合同规定的条件履行其义务的可能性；（七）银行在提供或担保融资时，应采取银行认为对该项融资和银行风险均适宜的融资条件，包括利率、其他费用和还本安排；（八）银行不应对普通业务或特别业务中银行融资项目的货物和服务采购进行国别限制；（九）银行应采取必要措施保证其提供、担保或参与的融资资金仅用于融资所规定的目标，并应兼顾节约和效率；（十）银行应尽可能避免不均衡地将过多资金用于某一或某些成员的利益；（十一）银行应设法保持其股权资本投资的多样化。除非出于保护其投资的需要，否则银行在其股权投资项目中，对所投资的实体或企业不应承担任何管理责任，也不应寻求对该实体或企业的控制权。

方通过发行债券等方式筹集资金，同时，银行也可以将其未使用资金进行投资。

第二节　《“一带一路”融资指导原则》

“一带一路”建设的血脉主要来自融资，融资是“一带一路”持续发展的基础动力。资金通常代表着国际经济发展的风向和方向。资金融通在很多情况下对经济发展起决定性作用，许多国家的经济发展均是在引进资金后开始起飞。2017 年 5 月，中国、俄罗斯、英国、瑞士、阿根廷、埃塞俄比亚、马来西亚等 26 国财政部签订了《“一带一路”融资指导原则》（本节中以下简称《原则》）。《原则》由序言和 15 条原则组成，确立了“一带一路”建设融资的基本规范。

一、政府间合作

今天的世界仍然是以主权国家为基本组成格局的世界，一切经济活动归根结底要置于主权国家的管辖权之下。因此，主权国家之间的合作是经济要素真正自由流动的关键基础。《原则》的第 1 条提出：“我们认识到，良好的融资体系和融资环境离不开沿线国家政府强有力的支持……”各国政府之间能够一秉善意，加强政策沟通，为资金融通打造安全、便捷的流通环境，市场力量便会自然迸发出来。人体内蕴藏的智慧潜能理论上是无限的，只要有适合的土壤便会茁壮成长。签订条约或非拘束性国际协议本身是各国政府之间精诚合作的表现。

《原则》第 2 条提出：“我们鼓励沿线国家建立共同平台，在促进本地区国别发展战略及投资计划对接的基础上，共同制定区域基础设施发展战略或规划，确定重大项目识别和优先选择的原则，协调各国支持政策与融资安排，交流实施经验。”这条原则中所倡导的共同制定发展规划是政府间合作进入高级阶段的表现。各国基础设施之间的对接是促进经济繁荣发展的有力措施，各国的公路、铁路、机场、港口之间如果能够实现制度和标准的对接，则会极大地加快各种要素的流通。人类社会全球化的一个重要内容是制度和标准的对接，例如，成立“国际民用航空组织”，其核心目的之一便是统一世界各地机场的建设标准。这也是旅客能够轻易熟悉世界各地机场的原因，对于世界范围内的人员自由便利交流意义重大。各国基础设施建设的规划和标准一旦可以对接起来，资金对于投入基础设施的意愿便会极大的增强。这对资金意味着安全性、稳定性与持久性。

二、防范系统性风险，促进实体经济发展

从金融危机的角度观察人类历史，金融超过政治、军事等原因对人类社会造成重大影响的起点是从400年前的荷兰开始的。虽然人类社会之前也存在经济金融危机，但其对人类社会的影响程度还不及政治、军事等行为对社会的影响。在阿姆斯特丹建立世界上第一个股票交易所之后，股票交易所这个规模化、系统化证券交易的现代制度使得金融领域的某种缺陷在特定情况下被放大，其对世界所造成的破坏便不亚于政治、军事行为所造成的破坏。1929年大萧条、2007年次贷危机均有力地证明了这一点。

系统性风险发生的一个重要原因就是资金在金融系统中空转，没有进入到实体经济。如果资金都能用来发展有效的实体经济，系统性金融风险则很难发生。因此，金融支持的对象应该是人类的勤劳和创新，而不应该是投机和懒惰。《原则》第3条提出：“我们支持金融资源服务于沿线国家和地区的实体经济发展。重点加大对基础设施互联互通、贸易投资、产能合作、能源能效、资源以及中小企业等领域的融资支持力度。”这条原则的内容正是对于勤劳、创新的肯定和实际支持。其中提到的基础设施、能源能效、中小企业等正是当下人类面向未来发展的重要活力来源。

《原则》第4条提出：“我们重申基础设施对经济社会可持续发展的重要作用。我们鼓励沿线国家视情开放公共服务市场，维护良好、稳定的法律、政策和监管框架，积极发展政府和社会资本合作以吸引各类资金，提高基础设施的供给效率和质量。我们鼓励有意愿的相关方在私营部门和金融机构之间建立有效的信息交流，通过基础设施融资支持可持续发展。”此条肯定了基础设施的重要性，

并从融资角度在两个方面提出了加强基础设施建设的方法，一是公共角度，二是私人角度。虽然说私人投资基础设施风险较大，但如果有充分的信息和制度保障，私人投资基础设施也是可操作的。400年前，荷兰东印度公司的盈利周期非常长，私人愿意投资东印度公司的原因是其股票在阿姆斯特丹股票交易所可以自由转让。如果对投资基础设施的制度设计进行完善，能够改善其风险水平和时间周期，那么对于私人投资是具有吸引力的。基础设施投资在很多时候具有稳定的利润来源，如果制度设计科学，各种资金均是有进入意愿的。

三、科学运用公共资金

在很多关系国计民生的领域，由于需要投资的规模大、时间周期长、利润回报低，很多商业资本难以承受这样的时间和风险。因此，在这些领域，必须有公共资本进入。

《原则》第5条提出："我们重视公共资金在规划、建设重大项目上的引领作用……"本条继续丰富公共资金使用的科学方法，公共资金通常拥有强大的研究能力，能够对投资标的和未来市场做出较为准确的判断，因此，公共资金的投资往往具有风向标的作用。发挥好公共资金的投资风向标作用对于推动某一领域发展具有重大意义。

《原则》提出："……利用政府间合作基金、对外援助资金等现有公共资金渠道……加强沿线国家和地区在民生发展、人文交流等领域的交流合作……鼓励各国政策性金融机构、出口信用机构继续为'一带一路'建设提供政策性金融支持……通过贷款、担保、股权投资、联合融资等多种方式，发挥融资促进和风险分担作用。"[1]

---

[1] 《原则》第5条规定："我们重视公共资金在规划、建设重大项目上的引领作用。我们将继续利用政府间合作基金、对外援助资金等现有公共资金渠道，协调配合其它资金渠道，共同支持'一带一路'建设，包括加强沿线国家和地区在民生发展、人文交流等领域的交流合作。"第6条规定："我们鼓励各国政策性金融机构、出口信用机构继续为'一带一路'建设提供政策性金融支持。我们鼓励上述机构加强协调合作，通过贷款、担保、股权投资、联合融资等多种方式，发挥融资促进和风险分担作用。"

这些均是为公共资金如何更好发挥作用提供的科学指引。

《原则》第7条提出：“我们呼吁开发性金融机构考虑为‘一带一路’沿线国家提供更多融资支持和技术援助。我们鼓励多边开发银行和各国开发性金融机构在其职责范围内通过贷款、股权投资、担保和联合融资及其他融资渠道等各种方式，积极参与‘一带一路’建设，特别是跨境基础设施建设。我们支持多边开发银行与各国开发性金融机构加强协调合作，为沿线国家提供可持续性的融资、机构专有技术和融智服务。”世界各国一般均有开发性金融机构如中国的国家开发银行等。政府间也建立了若干多边开发性金融机构如世界银行、亚洲基础设施投资银行等。这些单方、多方的开发性金融机构，其行为对于塑造地区经济发展形态具有重要作用。开发银行的一笔贷款可能就会使一个贫穷地区从此走上富裕的道路。因此，科学开展开发性金融行为关涉着世界的进步和人类的美好生活。

四、市场机制

《原则》第8条提出：“我们认识到市场机制在金融资源配置中应发挥决定性作用。我们期待商业银行、股权投资基金、保险、租赁和担保公司等各类商业性金融机构为‘一带一路’建设提供资金及其他金融服务。我们欢迎养老基金、主权财富基金等长期机构投资者，在符合其机构职能的情况下视情积极参与，特别是参与基础设施建设。”市场机制是人类配置资源的基本方式，政府是在市场发挥决定性作用的基础上发挥作用。市场机制可以充分调动蕴藏在每一个人头脑中的智慧资源，从某种意义上说，这种资源是人类最宝贵的资源。可以说，人类社会的生产、交换、消费形式始终以市场为主导和根本模式。即使在亚当·斯密发表《国富论》以前，人类对此还没有建立理论的系统化认识，人类的直觉和经验系统就已经选择了市场机制并在长久地实践。现代由于经济规模的扩大，市场机制在某些情况下出现了短暂的失灵，但并不是说市场机制在原理上存在问题，而是如适用条件欠缺等原因所导致。比如经济主体的信息过于缺乏，市场机制就会出现失灵现象，那么只需充分地使市场主体掌握信息，问题通常便会迎刃而解。今天的世界，市场上充满了各具特色、优势的主体，只要制度科学、措施得当，繁荣便会自然到来。

五、本地市场

经济循环可以笼统地区分为本地的内部循环以及本地与外部之间循环。这两种循环均很重要，应根据不同的发展阶段有所侧重，例如，在发展初期，本地生产的产品由于本地消费能力不足需要寻找外部循环；在经济发展进入成熟期后，则需要更加重视本地循环，经济发展的长久性有赖于良好的本地循环。《原则》第 9 条提出："我们支持进一步发展本地与区域金融市场。我们欢迎发展沿线国家的本币债券市场和股权投资市场，以扩大长期融资来源，并降低货币错配风险。"本地与区域金融市场有其独有优势，金融行为并不需要墨守成规地均在金融中心进行。从多元化的角度观之，金融中心可能只是人类社会发展阶段中的形态，去中心化也代表着未来。去中心化有其积极作用，人类在地球上的集群式生活模式也应得到某种反思和平衡。即便经济规模较小的国家或地区也应有自己的金融交易场所，只有如此，才能维护本国经济在融入世界经济过程中的稳定性。由于融入过程中商品、资产、劳务等要素采取不同的货币计价，在汇率波动时，不可避免地会出现货币错配风险。这种风险有时会很严重，会扰乱一国或地区的正常经济进程。在今天的全球化过程中，既要注重全球化，也要注重区域化，二者不可偏废，必须相得益彰。债券和股权是融资的两种基本形式，任何国家均应重视其发展，建立交易场所，即便规模较小，也是有益处的。400 年前的荷兰，虽然领土面积不大，却凭借贸易和金融成为世界性大国，被马克思喻为"海上马车夫"，其成功便是一个很好的例子。

六、金融开放

《原则》第 10 条提出："我们支持金融市场的有序开放，并尊重有关国家可能承担的国际义务。我们鼓励根据国情，在符合国内法律法规的前提下，逐步扩大银行、保险、证券等市场准入，支持金融机构跨境互设子公司和（或）分支机构，促进金融机构设立申请与审批流程的便利化。”金融是现代市场经济的中心部门。由于经济的全球化发展和规模的不断扩大，金融逐渐由实体经济的衍生部门发展成中心部门。金融能促进实体经济的发展，但是在发生金融危机时也会阻碍实体经济的发展。因此，现代社会必须充分认识到金融的作用，科学地发挥金融的作用。现实中，各国对于金融的认识程度是不一样的，金融业开放涉及本币与外币兑换的重大问题。在某些情况下，如果允许本币与外币自由兑换，会对本国经济造成巨大影响，甚至是毁灭性的打击。相反，如果一国的本币与外币不能自由兑换，则会影响或阻滞资金的进入，导致损失发展动力。因此，各国应根据自身国情，科学规划金融业的开放节奏、范围、方式等，以更好地使外部资金进入，自身融入世界经济的大循环之中。

七、金融创新

《原则》第 11 条提出金融创新：“我们鼓励基于‘一带一路’建设需求和沿线国家需求的金融创新。我们支持金融机构在风险可控前提下创新融资模式、渠道、工具与服务。”金融创新能够增强金融工具的可使用性，增加对冲风险的工具选择，能够更好地实现金融工具的价格发现作用。

八、金融监管

金融行为具有逐利性，任何具有逐利性的行为均有倾向对道德与法律造成破坏。因此，对于金融行为必须进行监管。历史上发生的数次金融危机或多或少均有金融监管缺位、不到位的原因。《原则》第 12 条提出：“我们呼吁沿线各国深化金融监管合作，加强跨境监管协调，共同为金融机构创造公平、高效、稳定的监管环境，并尊重有关国家可能承担的国际义务。”金融行为具有全球性，单独一国无法对金融行为进行全面监管，国与国之间的监管合作是有效金融监管的必要条件。监管合作重在态度上的坦诚和技术上的协调，各国对金融的认识不同，采取的措施也不同，必须在理念和技术上实现一定程度的对接，监管合作才能真正落地。

《原则》第 13 条提出："我们倡导建设透明、友好、非歧视和可预见的融资环境。我们支持视情提高对外国直接投资的开放度，加快必要的投资便利化进程，反对一切形式的贸易和投资保护主义。我们倡导建立和完善公平、公正、公开、高效的法律制度，以及互惠互利、投资友好型的税收制度。我们支持通过公正、合法、合理的方式妥善解决债务和投资争端，切实保护债权人和投资人合法权益。"金融市场瞬息万变，投资追求确定性，来自市场、地缘政治、自然灾害等的不确定性非常高，这些均是作出投资决策时需要详加考查的因素。不稳定的监管也是一种风险因素，有时影响甚巨，而且不易预判和控制。稳定、透明的监管是吸引资金的重要因素，第 13 条提出的原则和具体建议性做法是经验积累和理论研究得出的最佳理论与最好实践。各国应在此基础上，坦诚协商，尽量实行深入的投资友好型政策，长周期内将给资金流入国和资金本身带来可持续的益处。这是一个良性循环性的益处，随着信任与实践的不断加深，益处便会不断上升，理论上并没有上限，坦诚合作本身是人类千万年发展的最好实践。

九、绿色普惠金融

人类天然为一个命运共同体，人类生活在同一个蓝色星球上，这个事实在可预见的未来均不会发生改变。今天全球广泛关注的气候变化问题，更是强有力地证明了这一点。在过去漫长的历史岁月中，人类相互之间的影响虽然没有全球化时代这样的明显和深刻，但这正是联系持续加强的渐进性过程的表现形式。现在，人类已经来到了彼此高度融合的阶段，这种趋势是自然发展的趋势，具有不可逆转的性质。人类应顺应规律，人类的幸福系于彼此的合作。因此，人类个体应充分认识到自身行为的公共性，自身的任何行为均会或多或少地影响他人，反之亦然。认识并实践这一点，是人类社会发展到高级阶段的特点。《原则》第 14 条提出："我们强调应加强对融资项目社会环境影响的评价和风险管理，重视节能环保合作，履行社会责任，促进当地就业，推动经济社会可持续发展。在动员资金时，应兼顾债务可持续性。"社会责任是人类个体对其他人类个体乃至人类整体的责任。这是一种普遍存在的天然责任，今天的人类越来越深入地认识到了这一点。只有充分履行了社会责任的融资项目才会获得长久的发展。“天时不如地利，地利不如人和。”〔1〕人类的精诚合作是发展最浑厚的动力。第 14 条中提到的债务可持续性问题，是对人类行为规律深刻认识的表现。人类本性中的一些弱点使得人类个体在某些情况下会陶醉于高债务所带来的短暂便利和成就感。因此，未雨绸缪地制定可持续债务的科学规则是必然的原则。人类只有在正确认识自我的条件下才能发展得更为长远。

《原则》第 15 条提出：“我们认识到，‘一带一路’建设的融资安排应惠及所有企业和人群，支持可持续、包容性发展。应为提高科技能力、技术发展以及创造就业，特别是年轻人与妇女的就业提供融资。我们积极支持推进普惠金融的努力，鼓励沿线国家政府、政策性金融机构、开发性金融机构及商业性金融机构加强合作，努力让所有人享受金融信息和服务，并为中小企业提供适当、稳定、可负担的融资服务。”本条谈到了金融的普惠问题。从生命科学的发展进程来看，人类个体之间在智慧上并没有天然的巨大差异，重在后天对于智慧的启迪和开发。理论上，并不存在一部分人类个体必然落后于科学技术高度发展时代的假想式结论。每个人类个体只要认识到了持续学习的重要性，均能为人类作出应有的贡献。因此，普惠金融不仅体现了高尚的道德，也是人类行稳致远的根本条件。与人类减贫事业的道理相同，减贫不仅是道德感召，更是人类长久生存的强大基础。

第三节　建设中蒙俄经济走廊

一、《建设中蒙俄经济走廊规划纲要》的形成

2016 年 6 月，上海合作组织成员国元首理事会在塔什干举行。习近平主席会见蒙俄两国元首，并在三国元首见证下签署《建设中

〔1〕《孟子·公孙丑下》。

蒙俄经济走廊规划纲要》等文件。

建设经济走廊是各国寻找发展之路的共识，古丝绸之路是自然形成的一条经济走廊。俄罗斯与白俄罗斯、哈萨克斯坦等国成立了欧亚经济联盟，意在形成经济走廊。蒙古国的“草原之路”倡议同样旨在打通经济大动脉。这两个动议与“一带一路”倡议高度契合，对接彼此，可以形成规模空前的区域性经济走廊。规划纲要宗旨部分提出：“经济走廊以建设和拓展互利共赢的经济发展空间、发挥三方潜力和优势、促进共同繁荣、提升在国际市场上的联合竞争力为愿景。”《建设中蒙俄经济走廊规划纲要》的正式签订将为经济走廊的形成提供强大助力。

规划纲要的性质并非国际条约，不具有国际法上的强制性。非强制性的书面共同意愿以诚意为基础，在实践中往往更为强大，更能激发合作各方的真情与潜能。[1]规划纲要不影响参与各方依其他国际条约所赋之权利义务，与其他国际条约不相冲突。[2]

二、合作领域

《建设中蒙俄经济走廊规划纲要》的第二部分是合作领域。合作领域涵盖广泛，例如，交通基础设施、口岸建设、海关、检疫检验、产能、投资、经贸、人文、生态、地方、边境等。

在具体领域中涉及了大量项目，例如，中蒙俄定期国际集装箱运输班列、建立食品安全合作机制、研究过境蒙古国的中俄原油及天然气管道的合理性、建立跨境经济合作区、研究培育共同旅游品牌的可能性、共同举办环境保护研讨会、推动蒙古国东部地区和中俄有关地区次区域合作机制等。

---

〔1〕 参见《建设中蒙俄经济走廊规划纲要》第6条第1款规定：“本规划纲要非国际条约，不产生国际法上的权利和义务。”

〔2〕 参见《建设中蒙俄经济走廊规划纲要》第6条第2款规定：“三方根据国际条约承担的权利和义务，不在本规划纲要涉及范围内。”

第四节 《海南自由贸易港法》

海南是海上丝绸之路的重要节点。海南所处的北纬18度是全球度假胜地集中分布的地带。在海南实行自由贸易港制度对于区域、全国、全球均具有积极意义，是以实际行动践行人类命运共同体理念。

一、海南自由贸易港建设的基本遵循

2018年4月，习近平总书记在庆祝海南建省办经济特区30周年大会上提出建设海南自由贸易港。2020年6月，中共中央、国务院印发了《海南自由贸易港建设总体方案》。2021年6月，《中华人民共和国海南自由贸易港法》（以下简称《海南自由贸易港法》）经全国人民代表大会常务委员会通过。法案由八个部分组成：总则、贸易自由便利、投资自由便利、财政税收制度、生态环境保护、产业发展与人才支撑、综合措施、附则。

《海南自由贸易港法》授权海南拥有建设自由贸易港的相关立法权。该法第10条第1款规定，海南省人民代表大会及其常务委员会可以根据本法，结合海南自由贸易港建设的具体情况和实际需要，遵循宪法规定和法律、行政法规的基本原则，就贸易、投资及相关管理活动制定法规，在海南自由贸易港范围内实施。

海南将实施特殊的税收制度安排，以及各项贸易自由化、便利化的措施。《海南自由贸易港法》将极大地增强海南的制度稳定性，为国际社会带来信心。制定此类法案，也符合国际社会的通常做法。

二、贸易自由便利

海南实行全岛封关运作，货物、物品可以在海南自由贸易港和境外之间自由通行。〔1〕在货物贸易方面，制度特征主要体现为"零

---

〔1〕 参见《海南自由贸易港法》第11条规定："国家建立健全全岛封关运作的海南自由贸易港海关监管特殊区域制度。在依法有效监管基础上，建立自由进出、安全便利的货物贸易管理制度，优化服务贸易管理措施，实现贸易自由化便利化。"第13

关税”；在服务贸易方面，制度特征主要体现为“既准入又准营”。海南整体实现“一线”管住、“二线”放开、岛内自由。“一线”是指自由贸易港与国内其他地区之间。“二线”是指自由贸易港与境外之间。

三、投资自由便利

海南自由贸易港实行极简审批投资制度以及准入前国民待遇加负面清单管理制度。[1]

《海南自由贸易港建设总体方案》提出，海南将构建多功能自由贸易体系。通过对金融账户进行隔离，形成在自由贸易港和境外之间自由流动的资金通道。银行对于真实性的审查由事前审查转变为事后核查。总体方案提出支持海南建设股权、航运等交易所，交易所的发展对海南的全球金融地位具有巨大的推动作用。海南也可以发展房地产投资信托基金（REITs）以及离岸金融业务。[2]

四、财政税收

关于自由贸易港建设的资金来源，海南省可以发行债券、建立

（接上页）条第1款规定：“在境外与海南自由贸易港之间，货物、物品可以自由进出，海关依法进行监管，列入海南自由贸易港禁止、限制进出口货物、物品清单的除外”。

〔1〕 参见《海南自由贸易港法》第18条规定：“海南自由贸易港实行投资自由化便利化政策，全面推行极简审批投资制度，完善投资促进和投资保护制度，强化产权保护，保障公平竞争，营造公开、透明、可预期的投资环境。海南自由贸易港全面放开投资准入，涉及国家安全、社会稳定、生态保护红线、重大公共利益等国家实行准入管理的领域除外。”第19条规定：“海南自由贸易港对外商投资实行准入前国民待遇加负面清单管理制度。特别适用于海南自由贸易港的外商投资准入负面清单由国务院有关部门会同海南省制定，报国务院批准后发布。”

〔2〕 参见《海南自由贸易港建设总体方案》规定：“12. 加快金融改革创新。支持住房租赁金融业务创新和规范发展，支持发展房地产投资信托基金（REITs）。稳步拓宽多种形式的产业融资渠道，放宽外资企业资本金使用范围。创新科技金融政策、产品和工具。”《海南自由贸易港法》第52条规定：“海南自由贸易港内经批准的金融机构可以通过指定账户或者在特定区域经营离岸金融业务。”

自由贸易港投资建设基金等。[1]

在税收制度的建立上，海南具有自主性。税收制度最显著的特征为免征进口关税。《海南自由贸易港建设总体方案》提出了建立税收制度的 5 项原则，即零关税、低税率、简税制、强法治、分阶段。

五、生态环境保护

绿水青山就是金山银山。[2]海南自由贸易港实行严格的进出境环境安全准入管理制度、环境保护目标责任制以及严格的进出境环境安全准入管理制度。[3]作为国家生态文明试验区，海南的国土空间规划体系建设必须不断向科学化、高水平发展。海南拥有珍贵的热带雨林资源，因地制宜建立国家公园，并以国家公园为核心形成自然保护地体系。海南岛四面环海，生态保护、污染防治均应做到陆海统筹。[4]

---

〔1〕 参见《海南自由贸易港法》第 25 条规定：“在海南自由贸易港开发建设阶段，中央财政根据实际，结合税制变化情况，对海南自由贸易港给予适当财政支持。鼓励海南省在国务院批准的限额内发行地方政府债券支持海南自由贸易港项目建设。海南省设立政府引导、市场化方式运作的海南自由贸易港建设投资基金。”

〔2〕 参见“习近平擘画‘绿水青山就是金山银山’：划定生态红线 推动绿色发展”，载人民网：http://cpc.people.com.cn/n1/2017/0605/c164113-29316687.html，最后访问日期：2021 年 7 月 11 日。

〔3〕 参见《海南自由贸易港法》第 34 条规定：“海南自由贸易港实行严格的进出境环境安全准入管理制度，加强检验检疫能力建设，防范外来物种入侵，禁止境外固体废物输入；提高医疗废物等危险废物处理处置能力，提升突发生态环境事件应急准备与响应能力，加强生态风险防控。”第 36 条第 1 款规定：“海南自由贸易港实行环境保护目标责任制和考核评价制度。县级以上地方人民政府对本级人民政府负有环境监督管理职责的部门及其负责人和下级人民政府及其负责人的年度考核，实行环境保护目标完成情况一票否决制。”第 37 条规定：“海南自由贸易港实行生态环境损害责任终身追究制。对违背科学发展要求、造成生态环境严重破坏的地方人民政府及有关部门主要负责人、直接负责的主管人员和其他直接责任人员，应当严格追究责任。”

〔4〕 参见《海南自由贸易港法》第 33 条第 2 款规定：“海南自由贸易港严格保护海洋生态环境，建立健全陆海统筹的生态系统保护修复和污染防治区域联动机制。”

六、产业与人才

在产业发展上，海南依其地理优势，重点发展旅游业、现代服务业、高新技术产业等。

旅游业常常是海南经济给人的第一印象。海南绿水青山、海天一色，具有发展旅游业的天然优势。旅游消费、医疗旅游等均是拥有巨大发展潜力的领域。《海南自由贸易港建设总体方案》特别提出海南建设国际邮轮母港以及游艇产业改革发展创新试验区，这些措施均会助力海南成为世界级旅游胜地。

现代服务业是连接传统产业与高新技术产业的关键环节。人类知晓某项技术与技术真正普及之间相隔很长的路，其中普及的一个关键是现代服务业的发展。良好的现代服务业可以使各种动能、要素不断集聚，形成全球创新中心。海南应大力发展航运、仓储、物流、展销、设计、咨询等现代服务业。

高新技术产业是人类未来的希望，是世界各国着力发展的核心领域。以信息技术、生物技术为核心的新一轮科技变革在全球方兴未艾，海南发展高新技术产业具有独到优势。国家南繁科研育种基地、文昌国际航天城、三亚深海科技城均坐落海南，《海南自由贸易港建设总体方案》也明确提出建设重大科技基础设施、全球热带农业中心、全球动植物种质资源引进中转基地。

第五节　第三方市场

2015 年 6 月，中法两国政府发布了《关于第三方市场合作的联合声明》（本节中以下简称《联合声明》）。《联合声明》提出：“中法愿鼓励和支持两国企业在第三方市场开展或加强合作。”第三方市场合作是指两国共同在第三方市场开展合作。声明提出了合作的 3 项原则和 8 个领域。

一、中法第三方市场合作的 3 项原则

关于第三方市场合作，中法共同提出的 3 项原则：企业主导，

政府推动；平等协商，互利共赢；互补、互利、开放、包容。

在市场经济体系当中，企业是市场经济的核心参与者，政府提供的主要是制度基础设施。发挥企业的主导性作用和政府的引领性作用，对于经济活动是不可或缺的双重推动力。

人与人、企业与企业、国与国处于自然的平等状态，平等状态的协商对话是能使合作发挥最大潜能的途径。《联合声明》提出“三国共同选择，第三国同意，第三国参与，第三国受益”的项目运作原则，符合人类平等的基本精神以及世界发展的根本趋势。

人类社会能够发展至今，其中一个重要原因是人与人之间的精诚合作。人类之所以能够在地球上创造智慧进化的奇迹，相互理解与交流是其根本。《联合声明》提出：“中法将充分利用各自在生产、技术和（或）资金等方面的优势互补开展合作，鼓励双方企业以组建联合体投标、联合生产以及联合投资等新型合作代替传统分包的模式。”

二、中法第三方市场合作领域

《联合声明》共提出了中法第三方市场合作的8个领域，分别为基础设施和能源、民用航空器、交通、农业、卫生、气候变化、工业园区、金融和保险等。例如，《联合声明》提出：“通过知识共享、合作开展农业培训与科学研究，加强在养殖、种植等专门领域和生态农业、农业机械化、农村能源、地理标识等领域的合作，帮助发展中国家提高农业生产水平，实现农业和农业食品行业的可持续发展……积极发展联合融资、平行贷款、股权投资、风险参与以及技术援助等合作方式……”，第三方市场合作大有可为，两国可在实践中不断深化探索合作方式。

第三章 产业类规范体系

第一节 “一带一路”建设农业合作

2017 年 5 月，农业部、国家发展和改革委员会、商务部、外交部联合发布了《共同推进“一带一路”建设农业合作的愿景与行动》。文件包括时代背景、合作原则、框架思路、合作重点、合作机制、行动与未来等部分。

一、时代背景

农产品贸易在古丝绸之路的形成中起到了核心作用，丝绸就是一种农产品。今天我们所熟悉的葡萄、石榴、苜蓿等均是外来的农产品，制茶、掘井、缫丝、造纸等技术则从中国传向西方。

今天的世界，大约 10 个人里仍有 1 个人在长期忍受饥饿，大约 4 个人里就有 1 个人在遭遇营养不良。这在信息化、智能化、全球化时代似乎难以置信，但它就是现实。由此可见，世界范围内的不平衡状况是相当严重的。

农业是人生命的基础，人必须依靠食物而活。当前的世界人口已经几乎是第二次世界大战期间的 3 倍，对于资源和环境的压力远超人类历史上的任何时期。各种测算方法均显示，世界人口总数必将在不远的未来超越 100 亿。食物供给在未来几十年始终面临严峻的挑战，气候变化、环境污染更是使得这一挑战异常艰巨。

世界范围内的农业合作势在必行，“一带一路”所倡导的农业合作正是为应对这一严重的全人类危机。

二、合作原则

文件提出了政策协同、市场运作、政府服务、绿色共享、互利合作五项原则。

政策协调是跨国农业合作的根本助力，有时甚至是不可或缺的。缺乏国与国之间的合作意愿，很难想象国际合作的顺利进行。市场运作是可持续发展的保障，没有市场运作，任何其他形式的输血均很难持久。政府服务与政策协调一样，均是指在国际合作中政府作为的重要作用。绿色共享与互利合作是指合作与发展既要符合自然环境的要求，也要符合人作为主体的彼此需求。

三、框架思路

传统丝绸之路贯穿了地球上肥沃的农业地带，亚洲、欧洲以及连接亚欧的腹地，遍布各具特色的农业区。“一带一路”沿线国家之间具有广阔的农业合作空间，无论是市场还是技术等方面，均大有可为。

文件提出深化六大经济走廊的农业合作：新亚欧大陆桥、中蒙俄、中国-中亚-西亚、中国-中南半岛、中巴、孟中印缅。这也是未来一段时间内具体的发力方向。

四、合作重点

在这一项下，文件提出 5 个方面的合作重点：构建农业政策对话平台、强化农业科技交流合作、优化农产品贸易合作、拓展农业投资合作、加强能力建设与民间交流。

在这些重点合作领域，具体的合作事例包括探索建立沿线国家政府、科研机构、企业“三位一体”的政策对话平台、共建“一带一路”农业合作公共信息服务平台、共建“一带一路”农产品贸易通道、推动沿线国家之间开展农业双向投资、开展“一带一路”沿线国家农民职业教育培训等。

五、合作机制

关于合作机制，文件提出 4 条路径：加强政府间双边合作、强化多边合作机制作用、发挥重大会议论坛平台作用、共建境外农业合作园区。

在这 4 条路径下，文件提出了一系列具体事项，例如，在“一带一路”建设政府间谅解备忘录下推动签署农业合作备忘录或编制农业合作规划、深化与联合国粮食及农业组织等国际组织的交流合作、建立“一带一路”农业合作对话机制、共建一批农业合作示范区等。

六、行动与未来

中国始终重视农业领域国际合作，开展了一系列卓有成效的活动，例如，西部省区与中亚国家、北部省区与俄罗斯远东地区、南部省区与东南亚国家等的合作。

关于未来，文件提出了一系列动议，例如，共同编制双边农业投资合作规划、建设境外农业合作示范区和境内农业对外开放合作试验区等。

第二节　工业通信业标准化

“车同轨，书同文”[1]是古人对标准化的形象理解。标准是科学、技术、知识、经验等的集成式体现。标准化是人类文明重要的推动力量，特别是对于工业化阶段的发展。标准的形成有利于已知科学技术、生产技术迅速推广、发展。标准的形成也有利于节约资源，是绿色发展的必然要求。在工业化、信息化、全球化时代，标准是全球通用语言，有助于促进共识，减少分歧，增强合作，增进友谊。

标准联通是政策沟通的重要组成部分。2017 年，中国、俄罗

〔1〕《中庸》。

斯、塞尔维亚、马来西亚、哈萨克斯坦、埃塞俄比亚、瑞士、土耳其等12个国家签署《关于加强标准合作，助推“一带一路”建设联合倡议》。标准化应成为外交、商务等合作中的重要内容。标准联通具备立竿见影的现实效果，一旦标准联通，相关经济活动可以立刻进行。

《标准联通共建“一带一路”行动计划》已经发布了两版，分别是2015—2017年版和2018—2020年版。2018—2020年版涉及九方面的重点任务，包括对接战略规划、基础设施标准化、国际产能和装备制造标准化、对外贸易标准化、节能环保标准化、人文领域标准化、健康服务领域标准化、金融领域标准化、海洋领域标准化。《共同推动认证认可服务“一带一路”建设的愿景与行动》提出：“基于各国差异化现实，积极寻求等效性、一致性的解决途径，共同开展国别制度研究、标准比对、能力验证等活动，推进认可和人员认证的互认，以能力互信促进结果互认；面对新能源、电子商务等新兴产业全球发展态势，以及气候变化、非传统安全等共同关切，加快可再生能源、低碳、跨境电子商务等新领域互认进程；围绕产能合作、基础设施互联互通等现实需要，推动各方在共同感兴趣领域制定认证认可共通标准和一致性程序，最终实现‘一个标准、一张证书、区域通行’。”

一、基础设施标准化

《标准联通共建“一带一路”行动计划（2018-2020年）》（本节中以下简称《行动计划》）提出：“在交通基础设施方面，持续完善铁路、公路、水运、民航等技术标准体系，开展标准外文版制定。在能源基础设施方面，开展沿线国家油气管道标准分析研究，加强与俄罗斯、白俄罗斯、哈萨克斯坦等国在电力、电网和新能源等领域国际标准化合作，促进国家和地区间能源资源优化配置。在信息基础设施方面，倡导研制城市间信息互联互通标准，在沿线国家开展中国数字电视技术标准、中国巨幕系统和激光放映技术、点播影院技术规范的示范推广，推动联合开展本地化数字电视标准制定。”交通、能源、信息是国家发展的关键基础设施。基础设施标准的统一是基础设施联通的必要条件。一方面要加强现有成熟标准的外文翻译工作，另一方面要加强新标准的制定和现有标准的更新工作。在更新时，应各语种同时更新。交通、能源、信息基础设施标准化具有先导作用，对其他领域的标准化可以起到带动示范效应。标准化是质量、科学、安全的保障。交通、能源、信息等领域的基础设施应特别注重其防灾减灾的能力，防灾减灾能力应在标准化中占有重要位置。

二、国际产能和装备制造标准化

产能和装备制造标准化是标准化的核心组成部分。2016 年 8 月，质检总局、国家标准委、工业和信息化部印发了《装备制造业标准化和质量提升规划》，其中提出“标准是装备设计、制造、采购、检测、使用和维护的依据，标准的先进性、协调性和系统性决定了装备质量的整体水平和竞争力”。装备制造的标准化是全球化时代的必然要求，全球化蕴含着统一化。《行动计划》提出：“在石油天然气、核电等产能合作重点领域，在工程项目设计研发、原料采购、生产加工、检验检测和售后服务等各环节引导和帮助企业积极采用科学适用的标准体系，助推国际产能合作重点项目落地。在建材、纺织、钢铁、有色金属、农业、家电等优势产能领域，帮助沿线重点国家完善标准体系，提供标准化信息服务。在航空、船舶、工程机械等装备制造领域，联合沿线国家共同制定国际标准，完善国际标准体系建设。”《行动计划》根据不同领域的特点，拟定了差异化的行动方案。标准化工作具有形式上的同一性和实质上的差异性，不同领域的标准在结果表现上均为一系列数据，但数据的得出过程往往考虑了截然不同的因素乃至使用了相互对立的方法。《装备制造业标准化和质量提升规划》提出：“加快核心基础零部件(元器件)、先进基础工艺、关键基础材料和产业技术基础领域急需标准制定。”这四个基础领域是装备制造业的重要关切，其标准化对于整个装备制造业提升均具有关键作用。在产能和装备制造领域，既要注重不同领域的差异性，也要注重共性问题的统一化。产能和装备制造是共建“一带一路”的重要合作领域，标准化对于合作不断向纵深发展具有不可或缺的推动作用。

三、对外贸易标准化

对外贸易标准化可以极大地提高贸易效率，降低贸易成本。中共中央、国务院《关于推进贸易高质量发展的指导意见》提出：“积极开展共建‘一带一路’经贸领域合作、三方合作、多边合作，推进合作共赢的开放体系建设，加强贸易和投资领域规则标准对接。”规则、标准对于贸易的顺畅进行具有决定性作用，在人类不断融合发展，走向全球化的过程中，与贸易有关的要素均在不断地融合。例如，规则的融合，无论是冲突法还是统一私法的出现，本质上均是实现统一规则进程的一部分。再比如，货币的融合，无论是美第奇家族经营换汇业务还是欧盟统一货币欧元的出现，均是货币统一进程的一部分。标准在某种意义上也是一种法律，具有法律所具有的特性，是具有拘束力的行为规范。标准还具有自然法色彩，即在世界范围内的通用性和普遍承认性。标准是世界交互往来中的共同语言。《行动计划》提出：“……完善物流服务、托盘、国际货运代理等标准化合作，提高运行品质。加强电子商务标准国际合作，发展电子商务标准服务新模式”等。电子商务本身的发展过程是一个标准化的过程。在共建“一带一路”过程中，特别是自贸区谈判、中欧班列运行等领域，贸易标准化均代表着未来的发展方向。

四、节能环保标准化

关于节能环保标准化，《行动计划》主要提出 3 点，第一点是从绿色产品的角度，第二点是从绿色基础设施的角度，第三点是从节能的角度。关于绿色产品，《行动计划》提出：“加快绿色产品评价标准的研究制定，推动产品标准体系构建，加强绿色产品标准、认证认可合作交流，推广绿色产品标准，推动绿色产品认证与标识的国际互认，减少绿色贸易壁垒，促进绿色贸易发展。”绿色将成为未来一切产品的基本特征。绿色是将自然的含义融入人类的生产生活中，包括产品生产，衣食住行，均以与自然和谐共生的方式进行。关于绿色基础设施，《行动计划》提出：“推进绿色基础设施的标准化建设，以标准提升基础设施运营、管理和维护过程中的绿色化、低碳化水平，强化生态环境质量保障。”基础设施可以说是规模化、体系化的产品，其对自然环境的影响通常更大。基础设施的绿色化比单一产品的绿色化更加复杂，需要更加科学系统的绿色标准。关于节能，《行动计划》提出：“深化节能领域标准化合作，推动与区域重点国家节能标准的协调，开展制冷空调、照明产品等节能标准化合作研究，支撑绿色产业和生态环保合作项目建设。”节约能源是绿色发展的关键领域，人类社会始终是在一种能源相对短缺的状态下向前发展的。从人类学会使用火，直到今日开发原子能、太阳能、氢能等，人类始终在寻找新的更好的能源。人类社会进步的过程也是人类不断发展使用新的更好的能源的过程。在艰苦努力、不断发展的过程中，人类必须学会开发新能源与节约能源并重。节能既是对能源的节约，也是在减少对自然环境的污染。空调、照明等产品是使用能源的重点领域，也是节约能源空间巨大的领域。在重点领域建立科学、统一的标准，有利于节能效果的提升。

五、人文领域标准化

相比装备制造等领域，人文领域的标准化工作主观性更强。因此，人文领域的标准化工作更需要国际合作。《行动计划》重点提及了新闻出版广播影视、文物修复和展览、博物馆、世界文化遗产管理、旅游、艺术品质量管理等领域。标准化关系当今人类社会的全局，与沿线国家先就若干急需或基础好的领域开展合作有利于及时见到成效。以艺术品质量管理为例，《行动计划》提出：“开展与沿线国家在艺术品质量管理标准化的交流互鉴，促进艺术品鉴证质量溯源、交易、流通和展示标准化应用合作。”艺术品质量管理是科学技术含量极高的行业，在世界范围内拥有广阔的需求，是世界性通用行业。目前在该领域领先的公司主要有法国斯林文化遗产实验室（CIRAM）、瑞士SGS艺术服务公司（SGS Art Services）、瑞士日内瓦美术品分析公司（Geneva Fine Art Analysis）、美国猎户座分析公司（Orion Analytical）、英国艺术品分析研究公司（Art Analysis & Research）、英国牛津鉴定公司（Oxford Authentication）等。古丝绸之路是文物出土的密集地带，沿线国家进行艺术品质量管理标准化合作具有天然优势。

六、健康服务领域标准化

健康是人的生存之本。人类劳动的一个主要目的是保持健康。人类数千年来对于生命科学的研究，本质即追求健康。例如，《行动计划》提出：“推动中医药国际标准制修订合作，加快药材、药产品、医疗器械、名词术语与信息学等方面国际标准研制工作，共同完善中医药国际标准体系。”中医药是中国传统智慧的精髓，是中华民族对于生命科学的思考呈现。从现代标准化的视角来看，传统中医药存在一些模糊的地方，十分不利于中医药走向世界。因此，与沿线国家共同构建中医药国际标准体系，有利于中医药走向世界、深入人心。

七、金融领域标准化

关于金融领域标准化，《行动计划》提出：“围绕银行产品服务描述规范、第三方支付等消费者关注的重点领域，深化与沿线国家金融标准化合作，共同制定金融国际标准。欢迎沿线国家当地银行机构加入人民币跨境支付系统（CIPS），积极推广 CIPS 业务标准。”各国的金融传统和惯常性做法存在差异，银行产品服务关切重大，在对银行产品进行描述时务必做到规范、科学、准确，而且还应符合服务地的某些习惯。因此，在银行产品服务标准化方面，国际合作是有力的推进器。人民币是全球第四大货币，在“一带一路”沿线国家的贸易清算中被广泛使用。加入人民币跨境支付系统，有利于支付领域的标准化建设。

八、海洋领域标准化

海洋是生命的摇篮，人类历史也逐渐从陆地时代进入海洋时代，向海而生是人类的未来。《行动计划》提出：“在海上装备、海洋观测、海洋产业等重点领域，积极倡导制定国际标准。开展海洋生态环境保护、海洋观测预报和防灾减灾等海洋国家标准外文版翻译，推动国家间海洋标准互认，提升沿线各国海洋标准体系兼容性。”“一带一路”沿线海洋国家众多，在海上装备、海洋观测、海洋产业等领域均有自身优势，例如，俄罗斯在破冰船制造领域，各方合作制定国际标准，将有力推进各方的海洋事业。标准的外文版翻译始终是一个重要问题。沿线各国相互了解、学习对方语言的趋势在不断增强，但具有准确翻译标准类文件能力的人才仍然稀缺，现实中需要翻译的文献数量巨大，各方之间无法便捷、有效地了解对方标准就成为亟待解决的难题。海洋领域翻译的专业化程度很高，积极培养、支持海洋外语人才，将为海洋领域标准化建设提供助力。

国际标准化组织提出了面向未来，标准化工作应着重考虑的四大因素：经济、技术、社会和环境，并提出四个因素之间的相关性以及在重大危机来临时的同时变动性。[1]国际标准化组织提出的四个因素对于共建“一带一路”标准化领域合作有着积极的借鉴意义，在这个快速变化的世界中，唯有找到变化的规律，顺应变化的趋势，努力实干，才是创建美好未来的正确做法。

第三节　中医药

中医药是中华文明的瑰宝。在繁华的丝绸之路上，药材是相互交流的重要商品。今天，中医药仍然不断为人类健康带来福音，中医药以及中医文化愈发显出其璀璨的智慧光芒。中医的基础理论包括阴阳、五行、经络等。《黄帝内经·阴阳应象大论》记载：“阴阳者，天地之道也，万物之纲纪，变化之父母，生杀之本始，神明之府也。治病必求于本。”中医的本质基础在于探求事物运行的基本原理。“一带一路”沿线国家在中医药领域具有天然的合作优势，中医文化的许多要素经过千年的文明交流，已经融入了丝路国家的血脉。

---

〔1〕 See International Organization for Standardization：“Drivers of Change”，https://www.iso.org/home/about-us/strategy-2030/drivers-of-change.html，visited on 2021.8.9.

一、中医药传播

2019 年 10 月，中共中央、国务院发布了《关于促进中医药传承创新发展的意见》（本节中以下简称《意见》）。《意见》提出：“推动中医药开放发展。将中医药纳入构建人类命运共同体和‘一带一路’国际合作重要内容，实施中医药国际合作专项。推动中医中药国际标准制定，积极参与国际传统医学相关规则制定。推动中医药文化海外传播。大力发展中医药服务贸易。鼓励社会力量建设一批高质量中医药海外中心、国际合作基地和服务出口基地。研究推动现有中药交易平台稳步开展国际交易。”2021 年 6 月，国家中医药管理局、中央宣传部、教育部、国家卫生健康委、国家广电总局印发了《中医药文化传播行动实施方案（2021—2025 年）》，该文件提出：“加强中医药文化研究阐释工作，深刻阐明中医药学的哲学体系、思维模式、价值观念与中华优秀传统文化一脉相承，深刻认识传承发展中医药文化是弘扬中华优秀传统文化、推动中医药传承创新发展的实践需要。挖掘整理中医药蕴含的中华文化内涵元素，确立中医药文化精神标识。”

中医药的传播，关键在于中医药文化的传播，只有文化深入人心，才能使中医药真正传播开来。中医药文化源远流长，在“一带一路”沿线国家已经具备一定群众基础。中医药文化传播首先需要形成一批高水平的科普作品，包括书籍和音视频作品等。找到一部用沿线国家语言全面准确介绍中医药的书籍或音视频作品并非易事，高水平的当地语言科普作品对于中医药文化传播至关重要。《中华人民共和国中医药法》第 45 条规定：“县级以上人民政府应当加强中医药文化宣传，普及中医药知识，鼓励组织和个人创作中医药文化和科普作品。”相关部门应当进一步出台激励机制，例如，对使用外国文字语言创作中医药文化和科普作品给予奖励等。

中医药老字号是中医药传统中核心的部分。全面发挥中医药老字号的影响，对于中医药传播具有切中肯綮之效。如果沿线国家人民熟知几个中医药老字号，中医药的影响力自然深入人心。例如，同仁堂已在海外开设了 100 多家分店。

二、中医药传承

中医药向外传播的前提是中医药对内的传承。只有子孙后代真正做到了中医传承，中医文化远播天下才有坚实的基础。《中医药文化传播行动实施方案（2021—2025 年）》提出："将中医药文化作为中华优秀传统文化的重要组成部分，引导中小学生了解中医药文化的重要价值。"这正是中医药对内传承的基础方法之一。中医药是中华文明中最为璀璨的部分之一，但现实中由于各种原因，只有很少一部分人掌握较多的中医药知识，极不利于中医药的传承。治未病是中医的核心理念之一，掌握一定的中医药知识并将之实践将大幅改善人的健康状况。从个人来说，可以收获事业成功、家庭幸福；从国家来说，可以空前地激发社会生产能力，节约整体医疗成本。掌握一定的医学知识，特别是像中医药这样相对易于掌握和实践的医学知识，是利国利民的上策。

《中华人民共和国中医药法》第 33 条规定："中医药教育应当遵循中医药人才成长规律，以中医药内容为主，体现中医药文化特色，注重中医药经典理论和中医药临床实践、现代教育方式和传统教育方式相结合。"中医药教育应注重继承和发展中医药。今人的使命不仅包括继承，也包括发展。中医药始终在发展，到了现代社会，中医药更加应该发展。中医药的辨证施治、将人体作为统一体、将药物作为统一体等核心哲学，在攻克难以治愈的疾病时，极有可能产生突破性力量。

第四章 生态环境类规范体系

第一节 《“一带一路”生态环境保护合作规划》

2017年5月，环境保护部印发了《“一带一路”生态环境保护合作规划》（本节中以下简称《规划》）。《规划》包括10个部分：重要意义；总体要求；突出生态文明理念，加强生态环保政策沟通；遵守法律法规，促进国际产能合作与基础设施建设的绿色化；推动可持续生产与消费，发展绿色贸易；加大支撑力度，推动绿色资金融通；开展生态环保项目和活动，促进民心相通；加强能力建设，发挥地方优势；重大项目；保障措施。

一、重要意义

地球是人类在可预见未来的唯一家园，任何发展都不能以损害地球为代价，任何损害地球的发展都不是真正的发展。绿色发展是人类在地球上长久生存的必然要求。“一带一路”沿线很多国家面临环境污染问题，对于绿色发展有着强烈的需求。共同建设“丝绸之路经济带”和“21世纪海上丝绸之路”能够为沿线国家带来绿色发展所需要的资金和技术。每一个国家的绿色发展都是全球绿色发展不可或缺的部分。只有每一个国家均实现绿色发展，联合国《2030年可持续发展议程》等国际文件所确立的目标才能够实现。[1]

---

〔1〕 联合国《2030年可持续发展议程》提出17条可持续发展目标：（1）在全世

二、总体要求

关于绿色发展，《规划》提出了 4 项原则：理念先行，绿色引领；共商共建，互利共赢；政府引导，多元参与；统筹推进，示范带动。

绿色发展是人类自古以来便领悟的思想。习近平总书记在联合国日内瓦总部演讲时指出："我们应该遵循天人合一、道法自然的理念，寻求永续发展之路。"[1]"天人合一""道法自然"便是中国古人对绿色发展的深刻思考。互利共赢是人与人、国与国相处的黄金法则。只要在交往中，能够做到以己推人，便能够融洽相处，精诚合作。在合作中，各国政府应起到主导作用，企业、社会积极参与，这样才能实现最好的效果。在合作中，率先实现一些具有示范意义的项目，合作便易于行稳致远。

三、生态理念与政策沟通

在生态理念与政策沟通这一项下，《规划》提出了 3 点具体内容：分享生态文明和绿色发展的理念与实践、构建生态环保合作平

(接上页) 界消除一切形式的贫困。(2) 消除饥饿，实现粮食安全，改善营养状况和促进可持续农业。(3) 确保健康的生活方式，促进各年龄段人群的福祉。(4) 确保包容和公平的优质教育，让全民终身享有学习机会。(5) 实现性别平等，增强所有妇女和女童的权能。(6) 为所有人提供水和环境卫生并对其进行可持续管理。(7) 确保人人获得负担得起的、可靠和可持续的现代能源。(8) 促进持久、包容和可持续的经济增长，促进充分的生产性就业和人人获得体面工作。(9) 建造具备抵御灾害能力的基础设施，促进具有包容性的可持续工业化，推动创新。(10) 减少国家内部和国家之间的不平等。(11) 建设包容、安全、有抵御灾害能力和可持续的城市和人类住区。(12) 采用可持续的消费和生产模式。(13) 采取紧急行动应对气候变化及其影响。(14) 保护和可持续利用海洋和海洋资源以促进可持续发展。(15) 保护、恢复和促进可持续利用陆地生态系统，可持续管理森林，防治荒漠化，制止和扭转土地退化，遏制生物多样性的丧失。(16) 创建和平、包容的社会以促进可持续发展，让所有人都能诉诸司法，在各级建立有效、负责和包容的机构。(17) 加强执行手段，重振可持续发展全球伙伴关系。

[1] 习近平："共同构建人类命运共同体——在联合国日内瓦总部的演讲"，载《人民日报》2017 年 1 月 20 日，第 2 版。

台、推动环保社会组织和智库交流与合作。

理念是最高层级的自觉性规范。在理念上领悟之人，必然时刻恪守其心中之法。绿色发展只有真正深入人心之后，才能发挥其最大的规范效力。交流可以增进人与人、国与国之间的信任，加强彼此的信心。应充分利用现有机制并不断发展，使得保护环境真正成为每个人心中的神圣使命。

《规划》提出构建"一带一路"绿色发展国际联盟、"一带一路"生态环保大数据服务平台，这些机制的构建加上现有平台的深化，为推进绿色发展提供了强大助力。

智慧是人类最显著的特征。智慧碰撞易于激发新的灵感。环保组织、智库之间的交流有利于国家间找到共同发展的最佳道路。

四、产能合作与基础设施建设

在实际的产能合作和基础设施建设中，根本的主体是企业。绿色发展、环境责任在实践中也主要靠企业履行。企业须主动研究和学习环境规则，以在对外投资合作时规避环境风险，履行环境责任。

企业履行环境责任，应从内部管理上着力。企业应详细梳理自身生产流程，严把材料、工艺的环保关。企业应学习就环保问题与社会、监管机构等沟通的方法，持续主动降低环境类风险。

企业应将绿色理念融入基础设施的建设之中，在建设、运营、维护的全过程中贯彻生态环境保护的实践和标准。

五、绿色贸易

在贸易过程中贯彻绿色发展理念是生态环境保护的重要内容。在这一项下，《规划》重点提及了 5 个方面的内容：加强进出口贸易环境管理、扩大环境产品和服务进出口、推动环境标志产品进入政府采购、建立绿色供应链管理体系以及加强绿色供应链国际合作。

加强进出口贸易环境管理主要涉及将环境条款纳入与有关国家的协议当中，在管理中通过提升环境保护的水平促进贸易和投资等。环境保护本身也是服务贸易和货物贸易的重要产品，大气污染治理、水污染治理等的跨国服务对改善“一带一路”沿线国家的生态环境具有重要意义。环境标志认证体系对环境友好产品和服务的普及以及推广可以产生巨大的推动作用，各国如果能在环境标志领域加强合作，生态环境改善的速度便会进一步提升。供应链是涵盖生产、交换、消费的全产业链体系，从供应链的角度推行绿色标准具有事半功倍的效果。规划提出建设绿色供应链绩效评价体系、绿色供应链合作示范基地等，均是可以产生实际意义的有效措施。

六、绿色金融

金融是经济的血脉。在市场充分扩大之后，交换环节对于生产和消费便开始产生决定性的作用。以银行业为核心的金融体系在全球化发轫至今，始终在全球经济活动中处于主导地位。从生态环保视角观之，资金流向环境友好产业，则会改善生态环境；反之，则会加重对自然环境的污染。

绿色金融首先应从环境友好型政策的制定开始，良好的绿色投融资政策将为绿色、健康发展奠定基础。投资、债券、保险等均应引入绿色机制，还可设立专门的绿色投资基金引导绿色发展方向。

七、生态环保项目和活动

开展生态环保项目和活动是真正促进民心相通的方法。通过相互合作，水更清天更蓝，人心自然相通。正确的理念既是思想上的理念，更是实践中的理念。绿色思想只有转变成实践，才是真正的绿色思想。

规划中提出了多个重点项目，例如，生物多样性数据库和信息共享平台，东南亚、南亚、青藏高原等生物多样性保护廊道建设示范项目，核与辐射安全国际合作交流平台，绿色丝路使者计划，环保产业技术合作园区及示范基地等。这些项目的落地必将为“一带一路”沿线国家的生态环境保护带来强大助力。

第二节 绿色“一带一路”建设

2017 年 5 月，《关于推进绿色“一带一路”建设的指导意见》（本节中以下简称《指导意见》）由环境保护部、外交部、国家发展和改革委员会、商务部联合发布。《指导意见》充分体现了“一带一路”建设的绿色发展本质。

绿色发展是人与自然共同进化的必然要求。地球自然生态环境面临严峻挑战，人与自然是命运共同体。正如指导意见所指出的：“推进绿色‘一带一路’建设是服务打造利益共同体、责任共同体和命运共同体的重要举措。”

一、发展原则

《指导意见》提出了绿色发展的 4 项原则：理念先行，合作共享；绿色引领，环保支撑；依法依规，防范风险；科学统筹，有序推进。理念是行为的先导，绿色不仅是投资、经贸等行为的理念，也是人类所有行为活动的根本理念。理念在现实中落实需要心中的领悟和脚下的实际活动，既包括信念，也包括能力。发展的过程中人类既要不断提高更好应用现有技术的水平，也要不断思考探索新的更好的技术。《指导意见》提出的“……积极与沿线国家或地区相关战略、规划开展对接，加强生态环保政策对话……推动形成多渠道、多层面生态环保立体合作模式……高度重视当地民众生态环保诉求……依托重要合作机制，选择重点国别、重点领域有序推进……”等均是对绿色理念的深刻理解和现实安排。

二、发展任务

发展任务首先是政策层面的沟通，理念的对接具体表现在政策的对接上。相关国家应相互充分地了解，形成政策交流的常态机制。企业对外投资时应充分了解当地情况，重点是自然生态情况和法律法规等规范性文件，也包括当地的民俗、习惯、不成文的一些隐形规则等。

共建“一带一路”中的很多项目属于基础设施建设，企业应下功夫不断提高基础设施的绿色标准。这是一项需要持续努力的事业。对于大气、土壤、水、森林等，均应加强环境基础设施配套，以治理或预防污染。

绿色贸易的关键在于绿色产品和服务的提供。《指导意见》提出：“加强绿色供应链管理，推进绿色生产、绿色采购和绿色消费，加强绿色供应链国际合作与示范，带动产业链上下游采取节能环保措施，以市场手段降低生态环境影响。”各国需要就此紧密合作，达成绿色共识，促进可执行的以及可持续改进的绿色发展。

金融是实体经济的风向标。产业的兴衰起伏往往先表现在金融领域。例如，当绿色发展成为共识时，环保类上市公司的股票价格就会上涨；当低碳成为未来发展趋势时，银行在给高碳企业发放贷款时就会愈加谨慎。在共建“一带一路”的过程中，如果资金持续流向绿色企业和项目，新时代丝绸之路必将更加郁郁葱葱。

合作是相互取长补短的过程，能够使各自优势进一步发挥。合作还能够激荡新的智慧火花，进而推动科学进步。国与国之间的合作，既应随势而动，也应建立常态的互动机制。《指导意见》提出：“建设绿色技术银行，加强绿色、先进、适用技术在‘一带一路’沿线发展中国家转移转化。”绿色技术银行是绿色技术存储、增值、转移的先进平台，是绿色技术创新应用发展的强大推力。

第三节　《对外投资合作环境保护指南》

2013 年 2 月，商务部、环境保护部印发了《对外投资合作环境保护指南》（本节中以下简称《指南》）。《指南》对于企业行为回归自然给出了一些明确方向。

企业是对外投资活动的主体，绿色发展的实际履行主要在于企业。如果企业的行为更加绿色，地球的绿色发展便具有了最强大的推动力。《指南》第 4 条提出：“企业应当秉承环境友好、资源节约的理念，发展低碳、绿色经济，实施可持续发展战略，实现自身盈利和环境保护'双赢'。"可持续发展的关键在于与他人和谐相处，与自然环境和谐相处。

一、识别环境风险

随着人类社会的发展，人们环保意识逐年提高，环保标准的科技和人文含量不断提高，准确地理解环保要求成为一项难度越来越高的工作。

企业在东道国投资，首先应全面、准确地了解东道国环保领域的法律法规等规范性要求。全面、准确理解所有规范性文件并非易事，企业应学会使用相关的法律服务。企业应注重与学术界的联系，在对外投资时应有长远规划，提前做好国别研究。这样安全性最高，成本最低。

《指南》第12条提出："鼓励企业在收购境外企业前，对目标企业开展环境尽职调查，重点评估其在历史经营活动中形成的危险废物、土壤和地下水污染等情况，以及目标企业与此相关的环境债务。鼓励企业采取良好环境实践，降低潜在环境负债风险。"人类社会进入工业化阶段以来，很多企业的行为对环境造成了严重污染，特别是在一些先期进入工业化的国家，形成了严重的环境负债。在收购前准确了解目标企业的环境负债对于收购成败有时具有决定性意义，是企业境外投资务必要注意的环节。

企业在东道国投资时应主动申请有关的环保许可，重视公共关系工作，与东道国主管部门保持良好的关系和顺畅的沟通。

《指南》第11条第1款提出："鼓励企业在项目建设前，对拟选址建设区域开展环境监测和评估，掌握项目所在地及其周围区域的环境本底状况，并将环境监测和评估结果备案保存。"环境本底状况对于潜在的环境纠纷解决具有至关重要的作用，企业应予以重视，做好调查并保存第一手资料，必要时可以对第一手资料进行公证。

二、防范环境风险

在风险识别的基础上，企业需将识别到的风险一一防控落实。《指南》第10条提出："企业应当按照东道国环境保护法律法规和标准的要求，建设和运行污染防治设施，开展污染防治工作，废气、废水、固体废物或其他污染物的排放应当符合东道国污染物排放标准规定。”在污染防治设施的建设方面，企业应具有一定的超前思维，科学、充分规划企业在东道国存续的整个生命周期将适应的环保要求。从全球环境状况的发展趋势看，自然环境保护标准将随着时间的推移逐渐提高。污染防治设施一旦建成，后期再行改造的成本可能会非常高昂。因此，前瞻性是企业发展的必要条件。

在今天的世界，绿色应成为企业的顶层设计。《指南》第 6 条提出：“企业应当将环境保护纳入企业发展战略和生产经营计划，建立相应的环境保护规章制度，强化企业的环境、健康和生产安全管理。鼓励企业使用综合环境服务。”绿色发展已经是发展的必备条件和基本内涵。企业在制定战略、谋篇布局时，绿色应成为自然选择和应有之义。企业应将绿色基因熔铸在自身的思想和行动中。

企业应持续地开展环境监测工作。环境是动态的自然系统，保护环境应注重防微杜渐，而不是待问题严重时积重难返。实时的环境监测记录也是企业应对环境纠纷的重要证据。《指南》第 8 条提出：“企业应当根据东道国的法律法规要求，对其开发建设和生产经营活动开展环境影响评价，并根据环境影响评价结果，采取合理措施降低可能产生的不利影响。”第 11 条第 2 款提出：“鼓励企业对排放的主要污染物开展监测，随时掌握企业的污染状况，并对监测结果进行记录和存档。”企业应关注环保领域科学技术的发展情况，注意采用适时的测量标准和测量仪器。

企业应充分关注当地的生物多样性问题。《指南》第 15 条第 1 款提出：“企业应当审慎考虑所在区域的生态功能定位，对于可能受到影响的具有保护价值的动、植物资源，企业可以在东道国政府及社区的配合下，优先采取就地、就近保护等措施，减少对当地生物多样性的不利影响。”生物多样性是地球生态系统得以维持的基础条件。《生物多样性公约》在序言中明确指出：“保护生物多样性的基本要求，是就地保护生态系统和自然生境，维持恢复物种在其自然环境中有生存力的群体”。每个地区均有其生物多样性的自我平衡，这种平衡一旦打破，该地区的生态环境将受到重大影响。企业对此问题应高度重视，积极与相关各方沟通，了解当地生物多样性的现实状况以及应采取的保护措施，确保当地的生物多样性得以维存。

企业应加强环境事故应急能力建设。《指南》第14条提出："企业对可能存在的环境事故风险，应当根据环境事故和其他突发事件的性质、特点和可能造成的环境危害，制订环境事故和其他突发事件的应急预案……应急预案的内容包括应急管理工作的组织体系与职责、预防与预警机制、处置程序、应急保障以及事后恢复与重建等……"第13条提出："企业对生产过程中可能产生的危险废物，应当制订管理计划"。"凡事，豫则立，不豫则废。"[1]事先就可能出现的危险状况充分估计、谋划，在问题出现的时候就能够有条不紊地予以科学处理，这是人类社会应对各种风险的有效措施。在制定环境事故的应急方案时，应充分吸收环保领域的前沿技术，以科学支撑应急方案的有效性。在环境应急管理领域，企业还应充分考虑发挥环境保险的作用。《指南》第14条第3款也提出："鼓励企业采取投保环境污染责任保险等手段，合理分散环境事故风险。"保险是人类社会破解个体风险的重要方法，环境污染通常影响范围大，有时企业难以单独承担，有了保险机制的支撑，更有利于经济活动的顺畅发展。

人员素质提高是绿色发展的重要一环。《指南》第7条提出："企业应当建立健全环境保护培训制度，向员工提供适当的环境、健康与生产安全方面的教育和培训，使员工了解和熟悉东道国相关环境保护法律法规规定，掌握有关有害物质处理、环境事故预防以及其他环境知识，提高企业员工守法意识和环保素质。"除了自动化生产的部分以外，企业的多数行为是由人来完成的。人的行为受到知识水平、法律意识、道德修养等的影响，企业必须就上述领域对员工进行常态化的培训。培训有助于明确正确的行为规范，也时

〔1〕《中庸》。

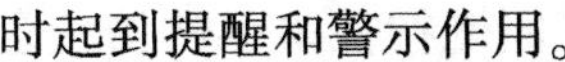

时起到提醒和警示作用。

三、建设友好人文环境

企业在东道国不仅应注意环境风险，也应注意与此相关的人文环境风险。《指南》第 3 条提出："倡导企业在积极履行环境保护责任的过程中，尊重东道国社区居民的宗教信仰、文化传统和民族风俗……"第 9 条提出："鼓励企业充分考虑其开发建设和生产经营活动对历史文化遗产、风景名胜、民风民俗等社会环境的影响，采取合理措施减少可能产生的不利影响。"宗教信仰、文化传统、历史文化遗产、风景名胜、民风民俗等因素是与东道国人民保持友好关系、加强情感沟通的关键。企业应高度重视从文化上融入本地，只有从文化上融入本地，企业的商业利润才能真正得到保障。《指南》第 20 条提出："倡导企业建立企业环境社会责任沟通方式和对话机制，主动加强与所在社区和相关社会团体的联系与沟通，并可以依照东道国法律法规要求，采取座谈会、听证会等方式，就本企业建设项目和经营活动的环境影响听取意见和建议。"第 18 条提出："鼓励企业定期发布本企业环境信息，公布企业执行环境保护法律法规的计划、采取的措施和取得的环境绩效情况等。"企业与当地社会的沟通应该是真心诚意且主动的。真诚是友谊的良方，也是赢得民心的基础。企业应以实际行动表现真诚，真诚是世界通用语言，一方感受到真诚，也会报以真诚。企业应积极建设与当地社会真诚沟通的良性循环。《指南》第 21 条提出："鼓励企业积极参与和支持当地的环境保护公益活动，宣传环境保护理念，树立企业良好环境形象。"支持、参与、主办环境保护公益活动是企业履行社会责任的正面表现。企业在环境保护公益活动中最易形成环境保护的和谐氛围，在价值观绿色统一的过程中可与当地社会建立相互理解和相互信任，达成共同努力的积极态势。

《指南》第 19 条提出："鼓励企业加强与东道国政府环境保护监管机构的联系与沟通，积极征求其对环境保护问题的意见和建议。"与东道国监管部门的沟通对于在当地发展的企业来说至关重要。企业应注重聘请对两国情况均非常熟悉的人士作为当地关系顾问，如果能够得到双方均信任的人士的帮助，解决问题往往事半功倍。企业应积极学习与东道国监管部门交往的技巧和方式，学会换位思考，不断积累知识和友谊，这样很多潜在的困难便会在尚未发生或刚刚发生时得到解决。

第五章 科技人文类规范体系

第一节 “一带一路”建设科技创新合作

科学技术是人类走向现代文明的基础。现代文明从某种程度上来说，是建立在科学技术上的文明。科学家已成为与政治家、军事家、哲学家同样重要的人类文明推动者。生产力发展的不竭动力来自持续的科技创新。2016 年 9 月，科技部、发展改革委、外交部、商务部印发了《推进“一带一路”建设科技创新合作专项规划》(本节中以下简称《规划》)，为“一带一路”沿线国家共同发展科学技术提供了制度助力。

《规划》提出：“在全球化、信息化和网络化深入发展的背景下，创新要素开放性、流动性显著增强，科技研究与产业化的边界日趋模糊，科学技术加速在全球的普及与扩散，推动世界经济成为一个紧密联系的整体，用科技促进经济社会发展成为国际共识。”与过去的人类历史不同，今天全人类普遍认识到了科学技术的重大作用，每个国家均在以不同方式发展和运用科学技术。

《规划》包括时代背景、重要意义、指导思想、基本原则、战略目标、重点任务、重点领域等部分。

一、发展科学技术共建“一带一路”的价值追求

关于发展科学技术共建“一带一路”的指导思想，《规划》提出：“秉持和平合作、开放包容、互学互鉴、互利共赢理念，以全

面发挥科技创新合作对共建‘一带一路’的支撑引领作用为主线，以增强战略互信、促进共同发展为导向，全面提升科技创新合作的层次和水平，推动政策沟通、设施联通、贸易畅通、资金融通、民心相通，打造发展理念相通、要素流动畅通、科技设施联通、创新链条融通、人员交流顺通的创新共同体，为开创‘一带一路’建设新局面提供有力支撑。”科学技术是现代社会发展的关键驱动力，在科学技术领域开展合作是国与国之间深度互信的表现。科学技术合作能够极大地促进民心相通，进而促进政策沟通、设施联通等。在科学技术合作过程中，应秉持科学精神，正像丝绸之路精神所描述的“开放包容、互学互鉴”。一个广阔的心胸易于受到科学真理的感召，开放的思考和学习体系能够更好地发现新的科学规律。

关于科技合作的基本原则，《规划》提出了5点：共建共享，互利共赢；以人为本，增进互信；分类施策，聚焦重点；改革创新，内外统筹；政府引领，市场主导。基本原则与指导思想是紧密相连的，是指导思想的进一步具体化。发展科学技术的目标是人类更好的生活，科学技术的发现主体和适用对象均是人类自身。因此，在从事科学活动中遵循人类基本的心理和生理活动规则是达成科技合作、促进发展的基础。“以人为本、互利共赢”均是对这一基础的准确描述。《规划》提出：“突出科技人才在支撑‘一带一路’建设中的关键核心作用，以人才交流深化科技创新合作，激发科技人才的积极性和创造性，为深化合作奠定坚实的人才基础。”人才是社会进步的根本，一切伟大的科学技术最根本的是人才。尊重科学家，人类必将因此受益。从具体推进科学技术合作的角度来看，问题导向始终是最为科学的方法之一。人类发展始终遵循着向解决实际问题的方向前进这一方法，量变质变规律、贝叶斯法则等科学原理决定了这一方法的正确性。《规划》提出：“聚焦战略重点，有序推进，制定和实施有针对性的科技创新合作政策，集中力量取得突破，形成示范带动效应。”在急需解决的问题上进行科技合作，取得成效后会给合作双方和民众带来极大的信心，进而为后续工作不断增加积极条件。

二、重点任务

《规划》中提出了 5 项重点任务，分别为密切科技沟通，深化人文交流；加强平台建设，推动技术转移；支撑重大工程建设，促进科技资源互联互通；共建特色园区，鼓励企业创新创业；聚焦共性技术，强化合作研究。

（一）人文沟通与平台建设

科技人文交流是合作的基础。情感相通，相互信任，才能够进入下一步共同开展科学研究。《规划》提出："与沿线国家合作共同培养科技人才，扩大杰出青年科学家来华工作计划规模……合作开展科普活动，促进青少年科普交流。"在很多国家的发展史中，留学回国的人才起到了重要的作用。共同培养人才是对双方均有益处的做法，留学生通常也为留学目的地国作出了重大贡献。中国历史上的"玄奘西游""鉴真东渡"就是玄奘去天竺学习知识，鉴真到日本教授知识，为当时的国与国共同发展作出了重大贡献。《规划》提出："共建一批国家联合实验室（联合研究中心）。"这是十分务实的举措，也是科技合作最终落地的基本形式之一。知识的发现只是完成了知识转化为财富的第一步，科学技术的应用同样是一个复杂的问题。例如，人类使用电能已有上百年的历史，但今天很多地区仍然用不上电或者没有足够的电。因此，推广使用现有科学技术仍然非常重要。如果在科技合作中能够激发科技人员的灵感，发现新的科学规律，那将是对全人类的贡献。

（二）重大工程建设

重大工程建设是科学技术合作的重点，也是最能出现现实效果的领域。《规划》中提出了一系列重大工程如"以沿岸重点港口为节点，建设环境、水文气象、海洋等相关数据监测网络，突破港口、水上通道建设、航运支持保障系统等关键技术"；再比如，"支撑信息通信网络互联互通，开展跨境陆缆、洲际海底光缆、通信网络等建设的关键技术攻关，加快数据共享平台与信息服务设施建设，实现科学数据资源的高速传输、关联融合和服务共享。"[1]在基础设施建设领域，中国多年来以务实肯干、开拓奋进的精神，积累了丰富经验，取得了众多技术上的创新和突破。这些经验和技术对"一带一路"沿线很多国家是非常有价值的，能为其节省大量的金钱和时间成本，使其能够快速获得前沿科学技术的应用成果。

（三）共建特色园区和聚焦共性技术

《规划》提出："共建一批特色鲜明的科技园区，引导鼓励我国高新区、自主创新示范区、农业科技园区、海洋科技产业园区、环保产业园和绿色建材产业园等与沿线国家主动对接。"科技园区是技术推广、转移、应用的高效市场化体系。科技要素、科技企业的集中为科学要素产业化、科学要素融合升级提供了肥沃的土壤。科技要素在很多国家的发展过程中起到了至关重要的作用，如中国的中关村、美国的硅谷等。在"一带一路"沿线形成若干科技要素集成区域，必将为沿线国家的发展提供强大推力。

人类的进步有赖于生产力的发展，而推动生产力发展最强有力的要素是科学技术。历史上每当有新的科学规律被发现时，就会引发一轮生产力的迅猛发展。伟大科学规律的发现，既来源于杰出科学家的工作，也离不开时代土壤的厚植。基础研究是应用研究的前提，技术应用给人类社会带来的多彩多姿的变化本质上来源于基础研究。《规划》提出："开展高能物理、生物物理、生态气候、天文

---

〔1〕《规划》第三部分第（三）项规定，科技支撑铁路、公路联运联通，突破特殊环境条件下铁路公路建设、技术装备等适应性关键技术，加强技术标准的对接。以沿岸重点港口为节点，建设环境、水文气象、海洋等相关数据监测网络，突破港口、水上通道建设、航运支持保障系统等关键技术。依托特高压和智能电网技术，支撑沿线国家电网建设和升级，加快电网建设互联互通。支撑信息通信网络互联互通，开展跨境陆缆、洲际海底光缆、通信网络等建设的关键技术攻关，加快数据共享平台与信息服务设施建设，实现科学数据资源的高速传输、关联融合和服务共享。促进科研仪器与设施、科研数据、科技文献、生物种质等科技资源互联互通。以先期面向国际试点开放共享的大型研究基础设施为基础，推动数据、文献等科技资源共享。建立综合地球观测系统与科学数据共享服务平台，实现亚太主要地球观测数据中心互联互通。建立生物技术信息网络，实现生物资源和技术成果数据库的共建共享。

观测、极端天气气候、冰雪带与气候变化关系以及地球综合观测等重大科学问题的合作研究……重点在生态环境、能源安全、人口健康、粮食安全、自然灾害、文化遗产保护与传承等领域开展联合攻关。”人类的进步取决于这些领域的进展，也正是从古至今的这些进展从整体上构成了人类文明。

三、重点领域

在这一项下，《规划》提出了12个重点领域，包括农业、能源、交通、信息通信、资源、环境、海洋、先进制造、新材料、航空航天、医药健康、防灾减灾。

（一）农业

民以食为天，农业乃立国之根本。粮食安全是国家安全的基础。在人类的进化过程中，首先发生的生产性变革为农业革命，今天，农业仍然是人类赖以生存的保障。《规划》提出“广泛开展作物种质资源联合收集与共享，共同开展水稻、玉米、小麦、棉花、油菜、蔬菜等大宗作物，橡胶、香蕉、木薯、林木、畜禽、水产等特色作物的种质创制与新品种的选育推广。共同开展农业有害生物的监测预警和绿色防控技术、农业气象灾害的监测预警和调控技术、重大跨境动物疫病预警及防减技术的联合研究与推广应用，合作建设农情信息监测与共享体系、重要农产品风险监测与评估技术体系。积极开展高效节水与节能农业、海洋农业、设施园艺、有机废弃物综合利用等技术和农机装备的联合开发与示范”等。丝绸之路沿线自古以来便是农业肥沃之区，在这条大动脉上，农业品种进行了充分的交换，丝绸本身便是农业产品。在“一带一路”沿线开展农业合作具有天然的自然地理优势，古丝绸之路繁盛的农业交流景象也将重回视野。

（二）能源

人类最先学会使用的能源是火，当人类可以自行取火时，人类便掌握了一种可以改变自然的强大能源。在使用火以前，人类只能顺应自然的力量，比如借助水流，但在学会使用火以后，人类便开启了掌控能源的时代。至今，人类已经学会使用核能、太阳能、生物质能等先进的能源。人类现在面临的不仅是使用能源的问题，还有如何获得更高效且清洁的能源。清洁能源的使用已经是摆在全球面前的重大课题。《规划》提出"加强适合沿线国家实际的太阳能、生物质能、风能、海洋能、水能等可再生能源，……加强重点行业节能减排先进适用技术的推广应用。积极推广三代、四代核电技术。加强节能技术、能源装备与重要部件的联合研发与生产"等，均是面向未来进行绿色能源合作的重要举措。绿色能源合作关涉着人类的美好未来，也是全球当前的重大关切。"一带一路"绿色能源合作顺应人类社会发展趋势，也将为守护一个清洁美丽的地球作出贡献。

（三）交通

通往富裕的一条道路就是"道路"本身。有了通畅的交通，货物、人员便会流动起来，财富就会产生。这也是很多地区在发展时选择先修路的原因。"一带一路"沿线国家的一些交通基础设施建设还有巨大的提升空间，交通基础设施的完善将给经济健康发展和人民生活水平提高带来强大助力。《规划》提出："重点加强适应沿线国家科技人文环境和泛欧亚互联互通需求的高速动车组及其运行安全保障技术的合作研究，加强恶劣环境交通基础设施建养、先进智能交通系统、交通安全监管与应急救助、交通节能减排和环境保护等技术与装备研究，构建互联互通的交通基础设施网络和便利高效的跨境国际物流服务系统。"铁路是现代运输快捷、便利的典范，中欧班列被称为"钢铁骆驼"。跨境铁路建养需要两国或多国精诚合作，合作研究铁路相关技术是要持续进行的工作。《规划》还提出加强新能源汽车、港口技术等方面的合作。[1]新能源汽车是绿色发展的时代潮流，世界各国均在发力。现代化港口是提升海运潜能的利器，在全球化的今天仍然具有重要地位。

---

〔1〕 参见《规划》第四部分第（三）项规定，促进沿线港口信息互联互通，深化国际绿色港口枢纽建设关键技术合作。积极推动新能源汽车及其关键共性技术合作开发。

（四）信息通信

今天的时代常被称为“信息时代”，信息通信是当今世界的主流特征，网络空间生活已经成为人类生活的一部分。随着网络空间的无限延展，与之伴生的法律、伦理、安全等问题也愈加凸显。《规划》提出了“共同开展大数据、云计算、物联网、智慧城市等领域的合作与应用，加强信息安全技术开发……共同开展新一代移动通信技术研发和网络部署。开展跨境电子商务联合创新研发合作”等，可见，国与国之间在信息技术领域加强合作必不可少。

（五）资源

《规划》提出：“加强矿产、生物等资源的勘查开发与综合利用。加强工业固体废物和可再生资源综合利用技术创新合作，共同开展产业技术示范……推动水资源综合规划、海水利用、水循环利用和饮用水安全等技术示范。合作提高沿线国家生物资源保护与开发水平。”矿产、水、生物等是人类发展过程中必不可少的宝贵资源。人类对于矿产、水等资源的使用现状并不乐观，许多矿产资源呈现枯竭状态，全球许多水体已经遭到污染，缺水是很多地区遭遇的致命难题。基因、物种、生态系统等生物资源是与人类延续相伴相生，荣辱与共的生命体系。当前地球的生物多样性正面临严峻挑战，各国加强合作保护生物资源刻不容缓。“一带一路”沿线国家覆盖多种植被生态，生物资源丰富，合作保护与开发具有天然优势。

（六）环境

绿色已经成为发展的应有之义，欠缺绿色的发展不是真正的发展。新丝绸之路必然是一条绿色丝绸之路。“一带一路”沿线国家在环境合作领域大有可为，《规划》提出的“加强生态环境科学调查，与沿线国家合作开展生态环境专题研究及区域性生态环境问题的长期监测与遥感调查，构建立体化生态环境科学观测网。建设‘一带一路’环境监测预警应急系统；加强区域环境生态承载力分析，开展生态环境保护、应对气候变化、荒漠化治理、气象预报预警和重污染行业清洁生产、环保技术装备等合作研发与示范；实施各方共同参与、共同受益的生态环保项目，开展低碳生态城市建设应用示范”等，这些有针对性的措施在沿线各国的共同努力下，必将对改善生态环境起到积极作用。

（七）海洋

水是生命之源。从人类目前掌握的知识来看，生命起源于水，水提供了孕育生命的必要条件。地球表面约 71%被海洋覆盖，人体组成约 2/3 是水。认识海洋、热爱海洋，加强海洋合作是人类义不容辞的自然使命。《规划》提出：“加强海洋合作平台建设，推动海洋环境观测技术合作，开展海洋海岛生物多样性、海岸带侵蚀、海洋动力环境、海洋气象和海洋卫星等科学观测和数据共享。开展海洋资源科学调查，推动海洋油气及矿产勘探开发、海洋工程装备制造、海岛动态监测及多能互补、海洋灾害监测预警与保障服务等关键技术研发与应用。”“一带一路”沿线海洋国家众多，在海洋领域，沿线各国合作发展潜力巨大。在海洋环境保护、海洋资源开发等领域，人类面临严峻挑战，需要沿线各国携起手来，共同应对，爱护共同的蓝色生命之源。

（八）先进制造

先进制造业是人类进入现代化、信息化、智能化时代的标志。人类认识自然、改造自然的智慧最终往往表现在先进设备的制造上。正是有了这些先进的设备，人类才能够遨游太空、潜入深海、深入地下、探秘人体等。人类与其他物种的重要区别之一就是制造和使用工具，人类能够制造和使用非常复杂的工具，能够利用工具对自然进行适应和改造。人类的未来实际上就体现在先进制造能力的提升中，无论是在地球上建设家园，还是在外层空间发展，均需要先进装备的支撑。《规划》提出：“与沿线国家合作开展高端装备研发和产业化应用，支撑重大基础设施建设。促进绿色加工业、再制造关键技术研发和产业化应用。开展汽车、轨道客车、船舶等交通装备设计和研发。”交通、环保等领域的高端装备制造对于“一带一路”沿线国家的发展具有直接的推动作用。

（九）新材料

新材料的开发和应用是人类科学技术发展的重要组成部分。任何科学技术设备、仪器，从本质上来说，均是由某种材料制造而成。材料的性能往往决定了设备的性能。《规划》提出："共同开展高品质特殊钢等重点基础材料产业化关键技术，高性能膜材料、第三代半导体、纳米材料、光电材料、绿色节能建筑材料等先进材料制造技术合作研发。推动高温合金、高性能复合材料、海洋工程材料、新型功能与智能材料等技术和产品的联合攻关。"新材料技术的探索往往意味着发现新的物质，例如，富勒烯的发现就是一例。合作开展新材料研究，碰撞智慧，是面向未来的正确选择。

（十）航空航天

长久以来，太空一直是人类的梦想，在大空飞翔、遨游太空是很多文艺创作的题材。人类真正飞上天空也只是不久之前的事情。飞上天空之后，人类的智慧实现了新的飞跃，对自我和自然的认识更加透彻。今天，太空探索技术发展日新月异，太空已经成为新的科技舞台，人类的未来与太空息息相关。《规划》提出："开展对地观测、通用航空、深空探测、天地往返等航空航天技术联合研发与产业化应用。推动导航、对地观测及通信一体化的空天信息综合服务平台建设，开展多边各国间的综合地球观测、导航与位置服务、航空飞行器实时监控协作。""一带一路"沿线国家分布在地球表面的不同位置，在航空航天、地球观测等领域具有不同的位置优势，沿线国家之间加强合作对于航空航天技术的快速进步具有重大积极意义。

（十一）医药健康

生命是人的根本，人类千万年的努力从本质上说是为了实现生命的意义。生命是最宝贵的，是国内法、国际法所捍卫的最基本的内容。生命科学是与数学、物理、化学并列的基础科学，生命科学也是直接研究生命本身的基础科学。研究生命科学就是在思考人类自身，在生命科学领域开展合作，"一带一路"沿线国家具有天然的优势。《规划》提出了"加强对沿线国家特色药材和传统医药的挖掘与合作研发，构建传统药物种质资源库和标准化体系，推动中医药传承创新，推进中医药的养生保健、治未病等传统医学技术应用……开展高附加值传统药物、化学药、生物药等合作研发与产业化……攻克若干重大疾病预防和诊治关键技术……共同开展新型药物研发、国际临床研究等，加强先进医疗器械的联合开发和推广应用"等，药材和医学曾是古丝绸之路上交流的重要商品和知识，各国药材和医学的交流对于促进人类健康地发展起到了不可或缺的作用。

（十二）防灾减灾

自然灾害始终是人类面临的预测防范难度最大、后果最严重的威胁之一。对于地震、海啸、火山爆发等自然灾害，直至今日仍无较为可靠的预测方式。人类已经与自然灾害搏斗了成千上万年，今天这一斗争仍在继续。"一带一路"沿线国家拥有多种地质结构，对于研究灾害成因、运动规律等具有天然优势。《规划》提出了"开展气象探测、活动断层探测、地震安全性评价和结构震害预测等技术推广，开展大陆强震机理研究；加强海洋灾害、极端天气气候、地质灾害、洪旱灾害等数据共享、技术和经验推广。加强灾害风险管理及应急处理能力建设，研发和推广应用先进适用的救灾产品和工具，构建区域联合救灾工作机制"等，近代以来，人类的科学技术实现了突飞猛进的发展，但对地球内部结构的了解仍然十分有限。地球的半径有 6000 多公里，但人类目前也只是深入地下十几公里。展望未来，人类亟须对地球内部进行深入了解，"一带一路"沿线国家间的深入合作也将为此作出贡献。

第二节 "一带一路"建设计量合作

秦始皇统一中国后，其功绩中的一项便为统一了度量衡。人类走向文明和现代化的过程，也是度量衡不断走向科学化和统一化的过程。1875 年，《米制公约》的签订标志着度量衡统一开始了全球化进程。1960 年，今天我们所熟悉的"国际单位制"诞生。在科学技术快速发展的进程中，计量领域不断遇见新的难题。《计量发展规划（2013—2020年）》指出：“世界范围内的计量技术革命将对各领域的测量精度产生深远影响；生命科学、海洋科学、信息科学和空间技术等快速发展，带来巨大计量测试需求；国民经济安全运行以及区域经济协调发展、自然灾害有效防御等领域的量传溯源体系空白需尽快填补；促进经济社会发展、保障人民群众生命健康安全、参与全球经济贸易等，需要不断提高计量检测能力。”

一、国际单位制革新

国际单位制包含7个基本单位，分别为时间单位“秒”、长度单位“米”、质量单位“千克”、物质的量单位“摩尔”、热力学温度单位“开尔文”、电流单位“安培”、发光强度单位“坎德拉”。曾经，国际单位制普遍采用实物计量。随着科学技术日新月异的发展，实物计量难以满足精密计量的要求。各国给出的测量数据从单位制开始便出现与当前科技水平不符的误差，使得各方面合作不易进行。计量水平关涉广泛，例如，“与心脑血管疾病、肿瘤等重大疾病早期预警和诊断、疾病危险因素早期干预等相关标准物质的定值、制备、稳定化”均须高精确计量能力支撑。〔1〕今天，国际单位制的7个基本单位均已由自然常数进行定义。以自然常数进行定义，代表了目前人类的最高科学技术水平。

二、计量国际合作

各国之间加强合作，是解决难题、面对挑战的有效途径。2016年6月，国家质量监督检验检疫总局发布了《“一带一路”计量合作愿景与行动》（本节中以下简称《计量合作》），阐述了计量合作的基本规范，明确了行动框架。

《计量合作》的总体思路是：“秉持平等、共商、共建、共享、互利共赢的理念，遵循国际通行规则，立足各国国情实际，在平等

〔1〕 参见国务院下发的《计量发展规划（2013—2020年）》，国发〔2013〕10号。

协商、兼顾各方利益的基础上，积极推进与沿线国家计量领域全方位务实合作，共同促进国际计量体系的创新发展，共同推动国际计量互认进程，共同促进贸易便利化水平，共同服务区域经济社会可持续发展。”计量互认是合作的重要部分，计量互认既是相互信任的表现，也是促进经济活动顺畅进行的现实动力。

根据《计量合作》，合作重点主要包括 4 个领域：加强计量政策沟通、推进计量国际互认、加强各国计量技术交流、提升计量服务能力。政策沟通始终是各项合作的首要部分，只有具备政策上的相互协调，其他各项合作活动才能顺利进行。《计量合作》提出：“建立计量领域信息互换和交流机制，提升计量法规透明度，实现沿线国家资源共享。”信息交换是表明信任和促进交流的根本手段，信息交换越充分，各方政策的协调性就会越高。计量国际互认是计量合作最重要的成果表现形式，《计量合作》提出“加快计量双边、多边互认进程，促进计量器具型式评价结果的国际互认，促进量值国际等效……最终实现‘一次测试、一张证书、全球互认’”，互认将从整体上提升全球的合作水平。与计量水平直接对应的是基础研究能力，例如，《计量发展规划（2013—2020 年）》就提出了系列研究项目以拓展计量能力。[1]在基础研究领域开展合作可以从根本上全面提升计量能力，各国科学家均有自身的智慧优势，彼此精诚合作易于发现新的科学知识。《计量合作》提出：“共同加强在新一代生物、新能源、新材料等新兴产业领域的深入合作，推进共同开展重大科技攻关，破解计量难题；共同适应产业变革趋势，加强各国在计量领域计量标准的合作研发。”提供计量服务是相互合作

---

〔1〕 参见《计量发展规划（2013—2020 年）》“专栏 2　计量科技基础研究重点项目”：（1）基本物理常数精密测量技术研究；（2）量子基准核心量子器件研究；（3）基于铯钟、光钟的新一代时间频率基准研究；（4）新一代量子计量基准研究；（5）生物计量基准研究；（6）超快光学、太赫兹精密测量技术以及单光子测量技术研究；（7）新一代基于原子尺度的纳米计量技术研究；（8）新材料计量测试技术及复杂环境下材料微纳结构测量技术研究；（9）经济安全、生物安全、医疗安全、能源资源、生态建设、环境保护、应对气候变化、防灾减灾等领域计量溯源技术研究；（10）高频天线计量关键技术研究；（11）智能和互联式测量、嵌入式和普及式测量技术研究等。

的现实作为，也是常态化计量合作的内容。如果说科研合作是创新之举，提供计量服务则是坚实的守正之行。对此，《计量合作》提出："从各国发展需求出发，共同推动计量与产业的深度融合，提高计量测试水平，提升计量服务经济和贸易发展的能力。"计量服务的稳步前行，将为计量创新奠定进一步发展的良好基础。

第三节　"一带一路"建设教育合作

教育是人类知识传承的核心途径。人类社会发展的过程是人类的知识不断扩展并传承的过程。有了人类社会，便有了教育行为，教育首先来自长者。随着人类的社会化程度不断提高，专门化的教育机构便产生了。今天，从小学到大学的各级各类教育机构为人类知识普及作出了巨大贡献。2016 年 7 月，教育部印发了《推进共建"一带一路"教育行动》（本节中以下简称《行动》）。《行动》包含 6 个部分：教育使命、合作愿景、合作原则、合作重点、中国教育行动起来、共创教育美好明天。

一、教育使命

教育肩负传递正确价值观的神圣使命。联合国教科文组织官方网站上的签名为"于人之思想中构建和平"。《中庸》开篇为，"天道之谓性，率性之谓道，修道之谓教。"从古至今，教育承载的是人类精神世界的构建。《行动》提出："教育为国家富强、民族繁荣、人民幸福之本，在共建'一带一路'中具有基础性和先导性作用。"通过教育，人民会获得共同的思想价值基础，这一基础为人类所有的行为交互提供和平维系。《行动》阐明："教育交流为沿线各国民心相通架设桥梁，人才培养为沿线各国政策沟通、设施联通、贸易畅通、资金融通提供支撑。"一切合作行为最终归结为具有合作意愿的人来完成。人在整个行为中起到主体性作用，是成功合作的必要条件，而教育是达成这种必要条件的遵循。

二、合作的愿景和原则

关于教育合作的愿景,《行动》倡议"沿线各国携起手来,增进理解、扩大开放、加强合作、互学互鉴,谋求共同利益、直面共同命运、勇担共同责任,聚力构建'一带一路'教育共同体,形成平等、包容、互惠、活跃的教育合作态势,促进区域教育发展",共同的利益、命运、责任不仅是思想鼓舞,也是严肃现实。沿线各国应对此深刻认识,并将思想转化成积极的行动。

关于合作的原则,《行动》中提出了4点,分别为育人为本,人文先行;政府引导,民间主体;共商共建,开放合作;和谐包容,互利共赢。教育的核心始终是人。只有人成为更完美的人,教育才完成了它的使命。受过教育的人所组成的思想共同体以及其所表现出的行动,形成了我们称为"文化"的人类社会形态。文化的根基在于教育,物质财富的根基在于文化。教育合作是真正有深度的合作,古丝绸之路上多种教育思想相互激荡,今天,"一带一路"沿线国家更可以在教育合作的领域具有新的建树。政府应作为支持教育合作交流的坚实政策和服务提供者。大学等教育主体应积极、活跃地开展有益于共同价值的合作活动。

三、合作重点

《行动》提出:"沿线各国教育特色鲜明、资源丰富、互补性强、合作空间巨大。"这为沿线各国开展丰富多彩的交流活动提供了现实有利因素。以此为基础,《行动》提出了基础性、支撑性、引领性3个重点工作方向。

(一)基础性教育合作

根据《行动》指引,基础性教育合作包含加强教育政策沟通、助力教育合作渠道畅通、促进沿线国家语言互通、推进沿线国家民心相通、推动学历学位认证标准连通。

政策沟通始终是各领域合作的固基性工程。顺畅的教育政策协调,将为教育合作交流提供坚实的制度保障。《行动》提出:"积极签署双边、多边和次区域教育合作框架协议,制定沿线各国教育合作交流国际公约，逐步疏通教育合作交流政策性瓶颈，实现学分互认、学位互授联授，协力推进教育共同体建设。”国与国、机构与机构之间签署协议是积极作为、推动合作的最佳实践之一。协议签署代表着一种诚意、开始和建设性的未来。无论协议是否具有拘束性，均能对双边或多边合作起到促进作用。《行动》提出：“支持高等学校依托学科优势专业，建立产学研用结合的国际合作联合实验室（研究中心）、国际技术转移中心，共同应对经济发展、资源利用、生态保护等沿线各国面临的重大挑战与机遇。”共同解决人类面临的重大现实问题，是科研人员之间合作最强大的内生动力。高等学校是人类智慧的集结之处。高等学校之间开展合作，对于人类科学技术的发展具有不可估量的推动作用。《行动》提出：“研究构建语言互通协调机制，共同开发语言互通开放课程，逐步将沿线国家语言课程纳入各国学校教育课程体系。”语言是智慧表达、交流的工具，也是传递友谊的媒介。学会对方的语言，有助于深入了解对方的情感，理解对方的世界。《行动》提出：“逐步将理解教育课程、丝路文化遗产保护纳入沿线各国中小学教育课程体系，加强青少年对不同国家文化的理解。”无论是学习语言还是学习相关课程，均是为了能够相互理解，相互理解是人类能够进入美好未来的必经之路。《行动》提出：“推动落实联合国教科文组织《亚太地区承认高等教育资历公约》，支持教科文组织建立世界范围学历互认机制，实现区域内双边多边学历学位关联互认。”《亚太地区承认高等教育资历公约》“序”深刻指出：“……出于增强其地理、文化、教育和经济联系的共同愿望……深信在此类合作框架内承认高等教育资历将有助于学生和学者的国际流动……以推动亚洲及太平洋地区在经济、社会、文化和技术上的发展”，承认高等教育资历是相互理解的切实行动，各国应沿着这条正确的轨道不断前行。

（二）支撑性教育合作

在支撑性教育合作部分，《行动》提出了一系列“丝绸之路”教育交流合作项目方案，包括“丝绸之路”留学推进计划、“丝绸之路”合作办学推进计划、“丝绸之路”师资培训推进计划、“丝绸之路”人才联合培养推进计划等。教育合作重在以人为本，“丝绸之路”系列计划重心在于人才培养。例如，《行动》提出：“加强‘丝绸之路’教师交流，推动沿线各国校长交流访问、教师及管理人员交流研修，推进优质教育模式在沿线各国互学互鉴。”再比如，《行动》提出：“鼓励沿线各国高等学校在语言、交通运输、建筑、医学、能源、环境工程、水利工程、生物科学、海洋科学、生态保护、文化遗产保护等沿线国家发展急需的专业领域联合培养学生，推动联盟内或校际间教育资源共享。”教育交流的实质在于学生和教师真正的相互活跃交流起来，只有学生和教师实现了交流，才是真交流。

（三）引领性教育合作

在引领性教育合作部分，《行动》提出了 4 个方面的工作，包括加强“丝绸之路”人文交流高层磋商、充分发挥国际合作平台作用、实施“丝绸之路”教育援助计划、开展“丝路金驼金帆”表彰工作。

“确保包容和公平的优质教育，让全民终身享有学习机会”是联合国《2030 年可持续发展议程》提出的宏伟目标。“一带一路”倡议下的教育合作不仅是自身双边或多边合作，同时也是在落实联合国 2030 年可持续发展目标。高层磋商可以避免很多制度上的不协调，从制度上筑牢双边或多边合作的基础。国际合作平台是天然的增进友谊、相互磋商的绝佳场合。无论是教育援助还是教育表彰，均将为教育合作增添助力。

第四节　卫生类国际规范

2020 年 3 月，二十国集团发布了《二十国集团领导人应对新冠肺炎特别峰会声明》（本节中以下简称《声明》），就应对新冠肺炎带来的全球挑战，提出了全球治理框架。《声明》开篇指出：“前所未有的新冠肺炎大流行深刻表明全球的紧密联系及脆弱性。病毒无国界，需要本着团结精神，采取透明、有力、协调、大规模、基于科学的全球行动以抗击疫情。我们坚定承诺建立统一战线应对这一共同威胁。”新冠肺炎的传染性之强之快是在第二次世界大战结束以来从未有过的。新冠肺炎造成的世界性影响出乎所有人的预料。二十国集团作为全球主要经济体在抗击新冠肺炎全球流行中肩负重要使命。《声明》强调：“我们承诺采取一切必要公共卫生措施，争取提供足够资金来抑制此次大流行病，以保护人民……共享实时、透明信息，交换流行病学和临床数据，共享研发所需的物资，加强全球公共卫生体系，包括支持全面实施《国际卫生条例（2005）》。我们将扩大产能，以满足不断增长的医疗用品需求，并确保以可负担的价格，尽快向最需要的地方合理、广泛提供。”《国际卫生条例（2005）》是国际社会共同抗击卫生事件影响的有力规范体系。《国际卫生条例（2005）》第 2 条规定：“……以针对公共卫生危害、同时又避免对国际交通和贸易造成不必要干扰的适当方式预防、抵御和控制疾病的国际传播，并提供公共卫生应对措施。”《国际卫生条例（2005）》是人类 100 多年来的抗疫经验总结，其中的最佳实践逐渐转化固定为国际法律规范。信息、物资、资金是抵抗疫情的关键。全球各国、国际组织及其他一切伙伴应就此通力合作，共同尽早战胜新冠肺炎疫情。

一、维护全球经济、金融、贸易稳定

新冠肺炎疫情对全球经济运行造成直接影响。由于封城等防疫措施的实施，全球受疫情影响地区的经济迅速陷入停摆。防疫工作依赖于经济资源的供给，经济停摆反过来加重了防疫工作的难度。防疫工作与经济运行陷入相互阻滞的恶性循环之中，急需世界各国通力合作打破此种僵局。《声明》提出：“我们承诺竭尽所能，使用现有一切政策工具，降低此次大流行病对经济和社会造成的损害，恢复全球增长，维持市场稳定并增强经济韧性……正在向全球经济注入超过 5 万亿美元，以作为有针对性的财政政策、经济措施和担保计划的一部分，抵消大流行病对社会、经济和金融的影响。”在全球遭遇疫情严重冲击的艰难时刻，向全球经济、金融体系注

入大量流动性是必不可少的，但也应注意大量流动性所带来的副作用。

新冠肺炎疫情导致全球供应链部分中断，《声明》提出：“为满足民众所需，我们将努力确保重要医疗用品、关键农产品和其他商品和服务的正常跨境流动，并努力解决全球供应链中断问题，从而保障全人类的健康和福祉。”重要医疗用品、关键农产品等是维持疫情期间人类正常生活的最低保障，在任何情况下都不能真正中断。如果完全中断，将会使形势彻底恶化下去，失去逐渐好转的可能。因此，保障最低限度的生活运转就是对疫情的抵抗。消灭疫情的过程与逐步恢复正常生活的过程是同一个过程，这也是《国际卫生条例（2005）》所追求的目标。

新冠肺炎疫情带来的实质性和情绪性冲击导致疫情初期全球金融市场巨幅震荡，这为全球运行恢复常态增加了巨大的不确定性。采取强有力的措施，迅速稳住金融市场成为必选项。《声明》提出：“我们将同一线国际组织，特别是世界卫生组织、国际货币基金组织、世界银行以及多边和区域开发银行一道，迅速果断开展合作，部署强有力、协调一致、快速的一揽子金融计划，并填补各自政策工具箱中的空白。我们已准备好加强全球金融安全网。”金融安全是全球安全的底线之一，大萧条和次贷危机的发生清楚地证明了这一点。金融稳定、经济稳定，全球才有了尽早战胜疫情的坚实基础。这也是《声明》和《国际卫生条例（2005）》均把尽量减少对经济运行的负面影响放在重要位置的原因。

二、《国际卫生条例（2005）》

2005年，第58届世界卫生大会通过了《国际卫生条例（2005）》。《国际卫生条例（2005）》起源于1851年的《国际卫生公约》。1851年，第一次国际卫生会议在法国巴黎召开，制订了人类历史上第一部具有普遍意义的国际卫生公约。《国际卫生公约》的出现为人类抵御历史上那种灾难性疫情提供了强大的制度和法律武器。黑死病，即鼠疫，曾经肆虐欧亚大陆300余年，造成了1/3甚至1/2的人口死亡。《国际卫生公约》诞生至今，经历了数次修订与演化，每次修订或进展均标志着人类在抗击公共卫生风险上取得的进步。例如，1897年在维也纳召开的第十届国际卫生会议要求各国报告第一例鼠疫感染病例。1948年，国际卫生会议转变为世界卫生大会，是年召开了第一届，也是战后召开的第一次普遍性国际卫生领域的重要会议。在这次大会上，《国际卫生公约》演变成《国际公共卫生条例》。1951年，在第四届世界卫生大会上，《国际公共卫生条例》正式通过。1969年，《国际公共卫生条例》演变成《国际卫生条例》，即今日为人熟知的《国际卫生条例》。2005年，世界卫生大会再一次对《国际卫生条例》进行了重大修订，形成了当前的《国际卫生条例（2005）》。

《国际卫生条例（2005）》是全球公共卫生领域的基本规范，是各国抵御全球性卫生风险的基本遵循。《国际卫生条例（2005）》包含信息和公共卫生应对措施、建议、入境口岸等10编内容以及附件。

三、抵御国际卫生风险的基本措施

《国际卫生条例（2005）》第3条提出了应对国际公共卫生事件的基本原则，包括充分尊重人的尊严、人权和基本自由；在《联合国宪章》和《世界卫生组织组织法》的指导之下执行；以其广泛用以保护世界上所有人民不受疾病国际传播之害的目标为指导；根据《联合国宪章》和国际法的原则，国家具有主权权利根据其卫生政策立法和实施法规，但应遵循《国际卫生条例（2005）》的目的。上述四项原则致力于实现疾病控制和经济稳定，国际义务和国家主权之间的平衡。达致平衡是人类处理一切事物的基本原则，也是万物发展所遵循的规律。

根据《国际卫生条例（2005）》，疾病是指“对人类构成或可能构成严重危害的任何疾病或病症，无论其病因或来源如何”。《国际卫生条例（2005）》具有广泛的适用性，不局限于特定疾病种类。在发现可能导致的国际卫生事件的情势时，各国政府应立即通报世界卫生组织。[1]总干事根据收到的信息以及相应的程序和标准确定是否构成“国际关注的突发公共卫生事件”。在确认的过程中，总干事应考虑科学依据和科学原则。根据《国际卫生条例（2005）》的定义，科学依据是指“根据既定和公认的科学方法提供某一层证据的信息”；科学原则是指“通过科学方法了解的公认基本自然法则和事实”。从本质上讲，确认国际关注的突发公共卫生事件应注重其客观性和科学性。如果确认构成国际关注的突发公共卫生事件，世界卫生组织应按照程序提出建议。

关于人和物，世界卫生组织均有一系列的建议清单。关于人的建议包括：不必采取特定的卫生措施；审查在受染地区的旅行史；审查医学检查证明和任何实验室分析结果；需要做医学检查；审查疫苗接种或其它预防措施的证明；需要接种疫苗或采取其它预防措施；对嫌疑者进行公共卫生观察；对嫌疑者实行检疫或其它卫生措施；对受染者实行隔离并进行必要的治疗；追踪与嫌疑或受染者接触的人员；不准嫌疑或受染者入境；拒绝未感染的人员进入受染地区；进行出境检查并（或）限制来自受染地区的人员出境。[2]关于物的建议包括：审查载货清单和航行路线；实行检查；审查离境或

---

〔1〕 参见《国际卫生条例（2005）》第 6 条规定：“通报　1. 每个缔约国应当利用附件 2 的决策文件评估本国领土内发生的事件。每个缔约国应当以现有最有效的通讯方式通过《国际卫生条例》国家归口单位在评估公共卫生信息后 24 小时内向世卫组织通报在本国领土内发生、并按决策文件有可能构成国际关注的突发公共卫生情况的所有事件，以及为应对这些事件所采取的任何卫生措施。如果世卫组织接到的通报涉及国际原子能机构的权限，世卫组织应立刻通报国际原子能机构。2. 通报后，缔约国应当继续及时向世卫组织报告它得到的关于所通报事件的确切和充分详细的公共卫生信息，在可能时其中包括病例定义、实验室检测结果、危险的来源和类型、病例数和死亡数、影响疾病传播的情况及所采取的卫生措施；必要时，应当报告在应对国际关注的潜在突发公共卫生事件时面临的困难和需要的支持。第 7 条规定：“在出乎预料或不寻常公共卫生事件期间的信息共享”：缔约国如果有证据表明在其领土内存在可能构成国际关注的突发公共卫生事件的出乎预料或不寻常的公共卫生事件，不论其起源或来源如何，即应向世卫组织提供所有相关的公共卫生信息。在此情况下，第 6 条的规定得充分适用。”

〔2〕 参见《国际卫生条例（2005）》第 18 条。

过境时采取消除感染或污染措施的证明；处理行李、货物、集装箱、交通工具、物品、邮包或骸骨以消除感染或污染源（包括病媒和宿主）；采取具体卫生措施以确保安全处理和运输骸骨；实行隔离或检疫；如果现有的一切处理或操作方法均不成功，则在监控的情况下查封和销毁受感染或污染或者嫌疑的行李、货物、集装箱、交通工具、物品或邮包；不准离境或入境。〔1〕上述针对人或物的措施均是人类对抗疫情风险几千年的经验总结。各国可根据世界卫生组织建议以及本国实际情况采取措施。各国采取的“卫生措施应当迅速开始和完成，以透明和无歧视的方式实施”，避免在措施执行过程中损害其他价值。〔2〕

〔1〕 参见《国际卫生条例（2005）》第18条。

〔2〕 参见《国际卫生条例（2005）》第42条规定：“卫生措施的执行 根据本条例采取的卫生措施应当迅速开始和完成，以透明和无歧视的方式实施。”

第六章 地方类规范体系

第一节 《西部陆海新通道总体规划》

《西部陆海新通道总体规划》（本节中以下简称《规划》）开篇便提出："西部陆海新通道位于我国西部地区腹地，北接丝绸之路经济带，南连 21 世纪海上丝绸之路，协同衔接长江经济带，在区域协调发展格局中具有重要战略地位。"《规划》对其定位为："推进西部大开发形成新格局的战略通道""连接'一带'和'一路'的陆海联动通道""支撑西部地区参与国际经济合作的陆海贸易通道""促进交通物流经济深度融合的综合运输通道"。《规划》共由 8 个部分组成：规划背景、总体要求、加快运输通道建设、加强物流设施建设、提升通道运行与物流效率、促进通道与区域经济融合发展、加强通道对外开放及国际合作、保障措施。

一、基本理念

《规划》提出了西部陆海新通道建设的 4 项原则：创新引领、协同高效；陆海统筹、双向互济；贯通南北、强化辐射；市场主导、政府推动。

西部陆海新通道位于三大经济带的交汇之处，丝绸之路经济带、21 世纪海上丝绸之路、长江经济带汇聚于此。经济的发展得益于制度的创新，哪里有适合经济发展的制度，商品、服务、人员、资本就会倾向于在哪里通过、聚合。《规划》提出："使西部陆海新通道成为交通、物流与经济深度融合的重要平台”，物流经济对西部陆海新通道具有关键的引领作用。只要来自三大经济带的商品具有倾向于在此通过的意愿，西部陆海新通道的经济发展就有了坚实的基础。因此，西部陆海新通道的制度创新和基础设施建设均应围绕这一关键点进行。

《规划》提出了以主通道、重要枢纽、核心覆盖区、辐射延展带为主要要素的空间布局。主通道包括两条从重庆至北部湾和一条从成都至北部湾的通道，重要枢纽为重庆、成都、广西北部湾以及海南洋浦。区域城市和周边城市均能予以覆盖或辐射。

二、加快运输通道建设

建设西部陆海新通道主要在于铁路、公路、港口等交通基础设施。规划中提出了一系列铁路、公路、港口建设项目。从人类科学技术的发展进程看，铁路在相当长的一段时间内仍然是货物、人员运输的主要方式之一。与海运对比，铁路的成本已经下降到与海运不相上下的程度，在海运运费上涨周期，铁路的运费已经低于海运运费。中欧班列的运营情况表明，铁路运输仍然具有引领经济向前发展的作用。西部的铁路建设仍有巨大的发展空间，例如，《规划》提出加快贵阳至南宁铁路建设、研究建设重庆至贵阳铁路等。这些铁路的建设会大幅增强西部的运输能力。公路、铁路、海运、江运、空运等均是必不可少的运输方式，应根据现实条件，综合规划、因地制宜地发挥每种交通方式的作用。汽车是推动人类社会最重要的发明之一，与火车、飞机等相比，汽车易于为非专业人士驾驶，灵活性极强，能够满足铁路、空运等无法满足的出行需求。公路网对国家发展至关重要，也有一些国家运输主要靠公路。西部公路仍有较大的建设空间，《规划》提出了多条公路的建设布局，进一步提升西部公路的畅通水平。《规划》还对港口建设、运输场站设施、集疏运体系建设、口岸交通建设、与境外交通设施互联互通等进行了科学布局。每个港口均有其独特优势，应注重塑造自身禀赋，例如，《规划》提出“钦州港重点发展集装箱运输，防城港港重点发展大宗散货和冷链集装箱运输，北海港重点发展国际邮轮、商贸和清洁型物资运输。”

三、物流建设

物流是通过物流枢纽布局来实现的，古丝绸之路上那些辉煌的城市就是物流枢纽。《规划》提出建设一系列物流枢纽，包括两端枢纽、沿线枢纽、边境口岸 3 种类型。两端枢纽如重庆、北部湾港等，沿线枢纽如贵阳、南宁等，边境口岸如防城港、西双版纳等。物流枢纽城市应结合自身现有机制，从成效最高的点位发力，不断提升枢纽物流能力。各地应整合梳理现有物流设施如物流园区、货运场站等。信息化是物流设施改造的方向，信息技术在改变着人类社会的基本形态，物流领域受到信息技术的影响更深入广泛，信息技术极大地提升了物流效率。例如，《规划》提出：“依托重庆运营组织中心，联合其他枢纽节点，统筹铁路、水运、海关等部门的行政管理、公共服务等方面的信息资源，建设统一开放的通道公共信息平台，开发信息查询、‘一站式’政务服务、在线审批、联合实时监管等功能。”万物互联代表着人类未来的发展方向，信息技术的迅猛发展将使物流的智能化程度不断提高。

第二节　西部大开发

2020 年 5 月，中共中央、国务院发布了《关于新时代推进西部大开发形成新格局的指导意见》（本节中以下简称《指导意见》）。西部是传统丝绸之路的核心区域，是穿过中亚去往欧洲的起点之地。西部的繁荣关系着国家发展全局，是共建“丝绸之路经济带”的标志性地带。指导意见共包含如下几个部分：总体要求；贯彻新发展理念，推动高质量发展；以共建“一带一路”为引领，加大西部开放力度；加大美丽西部建设力度，筑牢国家生态安全屏障；深化重点领域改革，坚定不移推动重大改革举措落实；坚持以人民为中心，把增强人民群众获得感、幸福感、安全感放到突出位置；加强政策支持和组织保障。

一、新发展理念

精准脱贫是西部地区繁荣发展的基础性工程。打好三大攻坚战是建设西部的必然要求。西部地区有沙漠分布，生态环境保护压力较大。西部经济发展应妥善管理杠杆率，确保杠杆率平稳发展。西部具有深厚的历史文化基础，在发展中应特别注意城乡文化的引领作用。

今天的时代是创新的时代，创新是全球任一区域发展的先导力量。西部发展必然也应依托于创新。西部有其特有的地理环境优势，一些大科学工程适合在西部建造。从创新创业的角度观之，如果西部的政策供给充足，到西部去创建高科技企业是非常好的选择。世界上一些著名企业均选择在人口相对稀少的地区建立。西部应抓紧时间在信息基础设施方面进行全新升级建设。《指导意见》提出："积极发展大数据、人工智能和'智能+'产业，大力发展工业互联网。"

西部发展农业具有巨大的传统优势，例如，西部出产的葡萄、梨等农作物在品种质量上十分优良。西部的区域环境和人文底蕴具有发展旅游业的天然基因。《指导意见》提出："支持西部地区发挥生态、民族民俗、边境风光等优势，深化旅游资源开放、信息共享、行业监管、公共服务、旅游安全、标准化服务等方面国际合作……依托风景名胜区、边境旅游试验区等，大力发展旅游休闲、健康养生等服务业，打造区域重要支柱产业。"边境贸易也是西部经济的重要抓手，西部应着力发展跨境电子商务。

西部具有发展能源产业的天然优势，西部煤、石油、天然气等化石能源的储量均很丰富，发展风能、太阳能等清洁能源的条件也十分良好。从供给和需求两方面看，高载能企业适合到西部发展。

二、深度参与"一带一路"建设

西部是"一带一路"建设的门户地带。《指导意见》提出："支持新疆加快丝绸之路经济带核心区建设，形成西向交通枢纽和商贸物流、文化科教、医疗服务中心……支持内蒙古深度参与中蒙俄经济走廊建设"等，对西部来说，丝绸之路经济带正是古丝绸之路的复兴。

长江经济带、西部陆海新通道是西部地区出入海洋的两大重要方向。西部也是中欧班列的主要通行区域。应在西部加强基础设施和制度建设，进一步增强西部作为经济要素流通重要经行地的能力。《指导意见》提出："鼓励重庆、成都、西安等加快建设国际门户枢纽城市，提高昆明、南宁、乌鲁木齐、兰州、呼和浩特等省会（首府）城市面向毗邻国家的次区域合作支撑能力……研究按程序设立成都国际铁路港经济开发区。"城市是人类活动自然形成的最佳区域集聚方案，在现有基础上采取因势而行的改革措施，以把城市通过人物聚集所形成的发展动能进一步加强。

边民之间在生活上通常有很多交往，开展边境贸易不仅能够提升边民生活水平，也能够促进两国相互理解。在边境地区开展经贸合作，既具有地利，更具有人和。

西部发展应在区域内部之间进一步打开发展通道，应与国内其他地区提升经济交往水平，应与其他国家加强经贸交互水平，既包括经贸引进，也包括经贸输出。《指导意见》提出："积极对接京津冀协同发展、长江经济带发展、粤港澳大湾区建设等重大战略……推动北部湾、兰州-西宁、呼包鄂榆、宁夏沿黄、黔中、滇中、天山北坡等城市群互动发展"等，均是对多层次联通开放体系的具体推进。

三、西部生态环境保护

生态环境是地球上任何区域发展的前提和基础。西部具有一些生态环境上的天然优势，也有一些急需改进的薄弱之处。人类发展应以与自然共生为根本，不能以掠夺自然为代价。正如恩格斯在《自然辩证法》中所说："不要过分陶醉于我们人类对自然界的胜利。对于每一次这样的胜利，自然界都对我们进行报复。每一次胜利，起初确实取得了我们预期的结果，但是往后和再往后却发生完全不同的、出乎预料的影响，常常把最初的结果又消除了。"

《指导意见》提出："进一步加大水土保持、天然林保护、退耕还林还草、退牧还草、重点防护林体系建设等重点生态工程实施力度，开展国土绿化行动，稳步推进自然保护地体系建设和湿地保护修复……大力推进青海三江源生态保护和建设、祁连山生态保护与综合治理、岩溶地区石漠化综合治理、京津风沙源治理等”，这些治理措施的实际落地将大幅改善西部的自然生态环境。

文明因自然而生，因自然而落。楼兰古国的盛衰过程就清楚地表现了这一自然规律。在西部发展的过程中，应特别注重向环境保护领域投入资金，引导企业进入环境保护领域，鼓励公众提高环保意识、学习环保知识。

四、推动改革举措落实

改革举措的落实取决于措施的科学性、实施者的积极性、资源的充足性等条件。实施者的积极性是涉及理想、现实条件等诸多因素的一个综合要素。措施的稳定落实既需要理想信念，也需要现实路径的结合。例如，《指导意见》提出：“探索集体荒漠土地市场化路径，设定土地用途，鼓励个人申领使用权。”在世界各国的开发史上均存在类似的激励个人开发的举措，通常遇到的问题是如果措施过于优越，则会在未来出现不公平现象。如果措施不优越，则很难吸引到开发者。科学的措施在于二者之间的平衡，理想的做法是前期给出优厚的条件并附以具有吸引力的期限，后期进行常态化开发。资源的充足性，既包括本地资源，也包括更大范围内的资源平衡。这既需要挖掘自身潜力，也需要国家给予支持。措施的科学性在于各级决策者都能够综合考虑各项因素，分清各项因素之间的主次关系以及相互之间的运行规律，这样才能制定出符合实际情况、可以达成目标的有效措施。

五、以人民为中心的重要意义

一切施政的目标、主体均是人民，只有从人民出发，并最终回到人民身上，才能够取得治理的成功。天时、地利与人和相比，终是稍逊一筹。其所表达的意义，正是强调人民的重要性。

在这个部分，指导意见提出了 8 个方面的工作，涉及公共就业创业服务、教育、医疗、社会保障、养老、公共文化体育服务、住房保障、防灾减灾与应急管理。例如，《指导意见》提出：“探索利用人工智能、互联网等开展远程医疗，支持宁夏建设‘互联网+医疗健康’示范区。”将人类已有的科学技术与西部的情况充分结合是加快推动西部发展，增进人民福祉的有力举措。

第三节　中部地区高质量发展

中部地区包含山西、河南、安徽、湖北、江西、湖南6省。中部地区是天下腹地，连接着东西南北。中部地区发展对于国家的整体繁荣，建设丝绸之路经济带和21世纪海上丝绸之路具有重要意义。2021年4月，中共中央、国务院印发了《关于新时代推动中部地区高质量发展的意见》（本节中以下简称《意见》）。《意见》擘画了中部地区在新的历史起点上全面创新发展的蓝图，为中部地区的繁荣稳定指明了方向。

一、融入共建“一带一路”

中欧班列作为现代丝绸之路上的钢铁骆驼，对于欧亚大动脉上的货物贸易起到了前所未有的巨大推动作用。其将整个欧亚大陆连成一体，中欧班列的开通使得中部地区一跃成为对外开放的新高地。中部地区作为连接丝绸之路经济带和21世纪海上丝绸之路的枢纽地带，在深入推进共建“一带一路”的新阶段具有重要作用。

《意见》提出：“加快推进郑州国际物流中心、湖北鄂州货运枢纽机场和合肥国际航空货运集散中心建设”。郑州是中欧班列的重要起点之一，诸多省份的货物通过这里24小时不停地运往欧洲，带动了整个铁路沿线的发展。《意见》还提出：“加快郑州-卢森堡‘空中丝绸之路’建设”。郑州已经成为连接欧亚的重要窗口，历史上的地理阻碍已经几乎看不见了。鄂州、合肥与郑州发展的道理相通，均应因地制宜，与现代技术发展充分融合。

《意见》提出：“发挥长江黄金水道和京广、京九、浩吉、沪昆、陇海-兰新交通干线作用，加强与长三角、粤港澳大湾区、海峡西岸等沿海地区及内蒙古、广西、云南、新疆等边境口岸合作，对接新亚欧大陆桥、中国－中南半岛、中国－中亚－西亚经济走廊、中蒙俄经济走廊及西部陆海新通道，全面融入共建‘一带一路’。”这里全面表明了中部地区作为天下之腹的重要意义。中部地区连接着各个方向，一旦四通八达，整体的要素循环速度和规模必将跃上新的层次。

二、构建以先进制造业为支撑的现代产业体系

《意见》提出："坚持创新发展，构建以先进制造业为支撑的现代产业体系"，在这一部分，《意见》共提及 4 个方面的内容，分别为做大做强先进制造业、积极承接制造业转移、提高关键领域自主创新能力、推动先进制造业和现代服务业深度融合。

先进制造业是国家发展的脊梁，人类现代生产力的标志就是能够制造先进的机器设备。如果一个国家没有先进的制造业，那么就失去了成为真正意义上现代化国家的基础。中国发展的 70 多年，也是先进制造业不断腾飞的 70 多年。中国从一辆汽车也不能造，发展至今在很多领域已经处于世界先进水平。

《意见》提出："在长江沿线建设中国（武汉）光谷、中国（合肥）声谷，在京广沿线建设郑州电子信息、长株潭装备制造产业集群，在京九沿线建设南昌、吉安电子信息产业集群，在大湛沿线建设太原新材料、洛阳装备制造产业集群。"这一系列产业集群的形成，必将为中部地区的发展插上先进制造业的翅膀，不断向新的高度飞越。

创新是今日国家发展的关键突破方向。在历史上，国与国之间曾经数次爆发军备竞赛。在今天的世界环境下，像历史上那样的军备竞赛已经不太可能，但是今天国与国之间面临着新的竞争，类似于过去的军备竞赛，这就是科技竞赛。科技竞赛是以创新为核心竞争内容的国与国之间发展的速度竞争。科技竞赛如果良性发展，将有利于人类社会的整体进步，还有利于人类进入更加美好的生活。《意见》提出："加快合肥综合性国家科学中心建设，探索国家实验室建设运行模式，推动重大科技基础设施集群化发展，开展关键共性技

术、前沿引领技术攻关。”合肥坐落着世界领先的创新型大学——中国科学技术大学，具有发展成为全球科研中心的潜力，综合性国家科学中心建设可以不断增强科学要素的聚集效应，促进人类科学技术在关键领域的突破。

三、城乡区域协同发展

城乡区域协同发展是国家进入深入发展阶段的重要表现。国家之内形成若干经济发展集群是诸多经济体进入高级发展阶段的经济发展模式。例如法国，就是形成了以巴黎、马赛、里昂为中心的三大经济集群。从中国经济目前的布局来看，已经形成了京津冀、长江三角洲、粤港澳大湾区、长江经济带、黄河流域等经济集群。中部六省处于长江三角洲、长江经济带、黄河流域三大经济集群之中。中部六省既要与所在经济集群融合，又要高度提升相互之间的交往水平。

城镇化是人类发展自然形成的格局。在信息化、智能化的今天，以往的农村地区也可高度融入现代化经济格局。例如，在一些农村地区，快递服务已经开始使用无人机进行配送。《意见》提出：“推进以县城为重要载体的城镇化建设，以县域为单元统筹城乡发展。”中国的县城人口通常为几十万，这与一些国家的大城市人口数量相当，例如，按人口数量排序，法国第九大城市波尔多的人口为 25 万。[1]中国县城通常的人口数量决定县城本身足以形成一个独立的经济体，如果加上与外界进行交互往来，县城便是具有生命力的重要经济单元。

《意见》提出：“以基础设施互联互通、公共服务共建共享为重点，加强长江中游城市群、中原城市群内城市间合作。”城市间合作发展已经是世界范围内的大势所趋，比如法国的城市间合作机制已经向实体化发展。中国的城市人口数量通常超过百万，发展城市间合作大有潜力、空间广阔，是未来中国经济向高水平发展的重大引擎。《意见》提出：“围绕对话交流、重大事项协商、规划衔接，

---

〔1〕 参见商务部国际贸易经济合作研究院、中国驻法国大使馆经济商务处、商务部对外投资和经济合作司：《对外投资合作国别（地区）指南 法国》，2020 年版。

建立健全中部地区省际合作机制。”

建设城市是人类文明发展的重要内容。《意见》提出“推进城市品质提升”，城市的品质关涉城市的未来发展和居民的生活幸福。城市是人类科技文明成果表现的重要地理空间，不断提升城市品质关涉人类的前途命运。今天，城市的安全已经成为城市发展最重要的主题，如防范自然灾害、控制疫情传播等。《意见》提出“系统化全域化推进海绵城市建设，增强城市防洪排涝功能”，当前天气预报水平已基本能够预测降雨情况，但仍时有城市内涝造成人员伤亡和重大财产损失的情况发生，提升城市防洪排涝能力刻不容缓。《意见》提出：“加强公共卫生体系建设……完善突发公共卫生事件监测预警处置机制，防范化解重大疫情和突发公共卫生风险，着力补齐公共卫生风险防控和应急管理短板，重点支持早期监测预警能力、应急医疗救治体系、医疗物资储备设施及隔离设施等传染病防治项目建设，加快实施传染病医院、疾控中心标准化建设”，城市发展至今日，防治传染病的能力已成为决定城市进步与否的关键要素。防治传染病需要多维层面的综合治理，法律、科技等领域均需共同发力。《中华人民共和国传染病防治法》第 8 条第 1 款规定：“国家发展现代医学和中医药等传统医学，支持和鼓励开展传染病防治的科学研究，提高传染病防治的科学技术水平。”

粮食安全是国家安全的根本，河南是产粮大省，《意见》提出：“大力发展粮食生产，支持河南等主产区建设粮食生产核心区，确保粮食种植面积和产量保持稳定，巩固提升全国粮食生产基地地位。”中国目前的粮食产量可以做到自给自足，但是考虑到人口数量的增长以及气候变化，中国的粮食安全在未来仍然存在风险。确保粮食安全需要制度和科技的双重支持，建设粮食生产核心区为重要的制度支持。河南是除“北大仓”黑龙江之外中国最大的产粮省份，是名副其实的中原大仓，创新发展粮食制度和粮食科技对区域和国家均具有深远的重大意义。

第七章 世界区域性规范体系

第一节 《东盟互联互通总体规划 2025》

从地球表面的陆地布局来看，东南亚处于重要的枢纽地位，是海上丝绸之路的必经之段。东南亚的一体化程度在不断提高，在全球经济版图中的重要性愈发明显。地球上每一块土地均有其自身潜力，关键在于这种潜力是否能发挥出来。1967 年 8 月 8 日，东南亚国家联盟正式成立。2007 年，东盟十国签署了《东盟宪章》。2010 年，第 17 届东盟领导人会议通过了《东盟互联互通总体规划》。2015 年，《东盟互联互通总体规划 2025》发布。

2019 年，中国与东盟就“一带一路”倡议与《东盟互联互通总体规划 2025》对接合作发布联合声明，其中提出“‘一带一路’倡议与《东盟互联互通总体规划 2025》对接合作有助于区域互联互通、和平稳定、经济繁荣和可持续发展”，“一带一路”倡议的 5 个重点领域与《东盟互联互通总体规划 2025》5 个战略目标之间具有广阔的合作空间。

《东盟互联互通总体规划 2025》的 5 个战略目标：可持续基础设施、数字创新、无缝衔接的物流、良好的规章制度、人员往来。

一、可持续基础设施

《东盟互联互通总体规划 2025》在序言中提出：“东盟互联互通指的是实体、机制和人员的彼此联系，有助于建立一个更具竞争力、包容性和凝聚力的东盟。”东盟已经充分认识到基础设施的重要性，但基础设施建设并非易事，东盟已经取得了相当的进展，但仍有很多工作要做。东盟每年对于基础设施建设的资金需求超过千亿美元，巨大的资金量并非单一的来源可以提供，东盟需要多方面融资。在可持续基础设施目标项下，《东盟互联互通总体规划2025》提出了3项倡议，包括“制定东盟潜在基础设施项目和资金来源的滚动优先清单”“建立东盟平台，用于衡量和提高基础设施生产力”“制定东盟城市可持续城市化战略”。1997年亚洲金融危机对东盟国家影响巨大，基础设施建设速度严重放缓，基础设施的现代化和更新与时代发展之间产生了滞后。东盟意图制定基础设施建设的科学顺序，首先发展具有全面带动作用的基础设施，通过问题导向方法解决问题通常效率较高。出台措施激励私营部门的基础设施投资意愿是可以考虑的有效措施。《东盟互联互通总体规划2025》引用麦肯锡全球研究所2013年的研究报告《基础设施生产力：如何每年节省1万亿美元》称：“以往的学术研究发现，通过更好的项目选择、更高效的服务和更严格的问责制、最大限度地延长现有资产的使用寿命和能力、强有力的基础设施治理以及建立稳健的融资框架等措施，基础设施成本可以降低40%左右。”通常来说，基础设施本身就是重要的融资工具，基础设施通常能够提供较为稳定的现金流，是项目融资、国际银团贷款等的主要对象。

城市化是人类社会发展的主要模式，随着城市规模的不断扩大，城市可持续发展问题越来越成为巨大的挑战。智慧城市是目前世界范围内的城市发展潮流。东盟在城市智慧化方面也有作为，例如，《东盟互联互通总体规划2025》提到的“乔治城的遗产保护战略”“棉兰在减少对汽车的依赖和投资使城市更方便行人等方面的努力”“岘港加强机构能力和管理腐败的工作”等。但与时代的要求相比，仍然还有不足。东盟正在着手改变这种情况，如制订了《2016－2025年东盟战略运输计划》。

二、数字创新

《东盟互联互通总体规划2025》提出：“到2030年，颠覆性技术（特别是移动互联网、大数据、云技术、物联网、知识工作自动化和社交-移动-大数据分析-云计算（SMAC））可能会对东盟产生约2200亿至6250亿美元的年度经济影响。”数字经济已经成为经济的基本属性，信息技术全面影响改变了人类的所有行为。在未来，信息技术会不断深入发展。为实现数字创新战略目标，《东盟互联互通总体规划2025》提出了4项倡议，包括“加强中小微企业技术平台”“制定东盟数字普惠金融框架”“建立东盟开放数据网络”“建立东盟数字数据治理框架”。中小微企业是创新的活力源泉。很多人类的伟大发现并不是在某种大的框架内发现的，例如，相对论是爱因斯坦在瑞士伯尔尼专利局做职员时发现的。今天的很多大型科技公司也是由中小微企业发展而来的。东盟的部分中小微企业在与科技融合方面仍有上升空间，东盟中小微企业协调委员会、东盟电信高级官员会议等均在致力于这一问题的解决。金融服务对于中小微企业的可及性通常比对大企业的薄弱，因此，支持中小微企业发展，普惠金融必不可少。数字普惠金融的发展有助于增加金融的可及性，使过去无法享受金融服务的人因为有了一部手机而得以进入金融服务的可及范围。数据是信息时代最重要的资源之一，东盟一体化离不开数据的共享和科学治理。共享、科学治理的关键在于建立去中心化的互动网络，去中心化有利于资源流动和相互监督。

三、无缝衔接的物流

为实现无缝物流的战略目标，《东盟互联互通总体规划2025》提出了两项倡议，包括“通过加强贸易路线和物流来加强东盟的竞争力”“通过解决关键瓶颈来提高供应链效率”。物流是经济运行的关键部分，无论是实体经济还是虚拟经济，其中的绝大部分活动体现为物的流动。通常来说，物的流动速度越快、价格越低、安全性越高，经济的活跃程度就越高。打开《财富》世界五百强名单，其中很多企业的业务本质就是物的流动。东盟国家的物流成本具有较大的下降空间，物流成本的下降将给经济带来巨大的活力。东盟可以尽可能地搜集整合物流信息以便分析对策，信息越充分，对问题的了解也会越深刻。对于先进的物流经验，东盟可以借鉴。《东盟互联互通总体规划 2025》提出“要建立数据库，第一步是确定在数据库下要分析的优先贸易通道或经济走廊。然后选择优先商品进行监测。选择标准可以包括走廊及产品与贸易流动的相关性；对私营部门的重要性；东盟多个成员国的相关性以及海运和陆运走廊的覆盖范围。”东盟需要根据实际情况提出强有力的措施，并不断根据变化的情况进行调整优化，经过一段时间的积累，物流水平会持续提高。

四、良好的规章制度

在良好的规章制度目标项下，《东盟互联互通总体规划 2025》提出了两项倡议，包括“在三个优先的产品组中完成标准、互认和技术规范的协调”“增加透明度，加强评估，减少扭曲贸易的非关税措施”。对国际贸易影响巨大的是关税和非关税措施，非关税措施有时可能比关税措施对贸易的阻碍更大。非关税措施有存在的合理性，但应注重科学性、透明度等，避免其成为对国际经济活动的阻碍。《东盟互联互通总体规划 2025》提出：“……将东盟成员国的国家贸易资料库与东盟贸易资料库平台建立联系，并在东盟成员国之中开展能力建设和意识树立项目……拥有一个全面的非关税措施数据库，就必须采取行动，优先考虑扭曲贸易的措施，进而采取下一步行动。”建立共同平台，有利于将非关税措施梳理清楚，从而为现实中的改进奠定基础。透明的政策和实际执行情况可以使国家间更加坦诚和相互理解，能够增进彼此间的关系。

五、人员往来

在人员往来目标项下，《东盟互联互通总体规划 2025》提出了 4 项倡议，包括“通过提高查找信息的便利性来增加东盟旅游量”“通过更便利的签证程序，方便在东盟国家之间的旅行”“根据东盟各成员国国情，在东盟成员国之间建立新的职业培训计划和互认资格”“支持东盟国家间的高等教育交流”。旅游、教育等是最具长远影响力的交流活动。从大历史的角度看，旅游、教育等具有促进世界和平的作用。文化的魅力在于其多样性，世界上每个民族、每个国家均有灿烂的文明，每种文明均有其独特的吸引力，旅游、教育等活动正是感受这种文明的主要方式。人类是在感受中学习的，学习的最终结果也体现为一种感受的塑造。发展旅游、教育等人文交流对国家具有深远意义。旅游通常属于一种休闲活动，签证的便利化对于旅游的促进作用十分明显。旅游基础设施，特别是旅游信息基础设施的提升对于吸引游客非常重要，东盟在旅游信息基础设施方面大有可为。教育是国家发展的长远大计，教育交流，特别是青年教育交流，可以说是最有力量的交流，其可以从思想和实践层面真正促进国家之间的团结。除了教育、旅游之外，演出、展览等人文交流也同样具有重要意义，东盟也可予以研究考虑。

第二节　《区域全面经济伙伴关系协定》

《区域全面经济伙伴关系协定》是由东盟发起，邀请中国、韩国、日本、澳大利亚、新西兰等国参与的自由贸易协定。协定覆盖的贸易量占全球总额约 1/3，协定生效后将成为世界上最大的自由贸易区之一。协定的诸多成员方均是 21 世纪海上丝绸之路沿线国家，协定的签署对于共建“一带一路”将产生巨大的推动作用。

世界贸易组织项下的全球自由贸易协定谈判进展缓慢，成果有限，各国之间通过达成双边、多边自由贸易协定对现有世界贸易组织规则不足的部分进行补充。双边、多边自由贸易协定的结构和内容实际上也起到塑造未来全球自由贸易协定样貌的作用。《区域全面经济伙伴关系协定》的目标是“（一）建立一个现代、全面、高质量和互惠的经济伙伴关系框架，以促进区域贸易与投资的扩张，推动全球经济增长与发展，同时兼顾缔约方，特别是最不发达国家缔约方，所处的发展阶段和经济需求；（二）通过逐步取消缔约方之间实质上所有货物贸易的关税和非关税壁垒，逐步实现缔约方之间货物贸易的自由化和便利化；（三）逐步在缔约方之间实施涵盖众多服务部门的服务贸易自由化，以实现实质性取消缔约方之间在服务贸易方面的限制和歧视性措施；以及（四）在区域内创造自由、便利和具有竞争力的投资环境，以增加缔约方之间的投资机会，提升投资的促进、保护、便利化和自由化。”[1]协定旨在实现货物贸易、服务贸易、投资最大限度的区域自由化。

《区域全面经济伙伴关系协定》正文包括20章，分别为初始条款和一般定义、货物贸易、原产地规则、海关程序和贸易便利化、卫生与植物卫生措施、标准、技术法规和合格评定程序、贸易救济、服务贸易、自然人临时移动、投资、知识产权、电子商务、竞争、中小企业、经济技术合作、政府采购、一般条款和例外、机构条款、争端解决、最终条款。

一、货物贸易

货物贸易是国际贸易的基本形式之一，也是最古老的贸易方式。《区域全面经济伙伴关系协定》第二章第3条规定：“每一缔约方应当根据GATT1994第三条给予其他缔约方的货物国民待遇。为此，GATT1994第三条经必要修改后应当纳入本协定，并且成为本协定的一部分。”GATT1994第3条的主要内容是给予货物贸易在国内税和国内法规方面的国民待遇。

对于货物贸易，各国承诺逐渐减让关税直至取消某些货物的关税。[2]关税减让的过程一般为20年左右，各国的关税承诺表详细规定了每一种货物每年的减让幅度。关税的逐渐减让符合各国国情，使得各国能够实现达成协议、促进经济发展的目标。关税减让重在达成一种平衡，关税承诺表正是这样一种国家之间经济状态相互平衡的动态呈现。除关税之外，缔约国承诺全面取消非关税措施。《区域全面经济伙伴关系协定》第二章第16条第一项规定：“除非根据其在WTO或者本协定项下的权利和义务，一缔约方不得对任何其他缔约方的任何货物的进口或者任何货物向任何其他缔约方领

[1]《区域全面经济伙伴关系协定》第一章第3条。

[2] 参见《区域全面经济伙伴关系协定》第二章第4条第一项规定：“除本协定另有规定，每一缔约方应当根据附件一（关税承诺表）中的承诺表削减或取消对其他缔约方原产货物的关税。”

土的出口，采取或维持任何非关税措施。”非关税措施主要包括数量限制、进口许可程序、进出口规费和手续等。

对于符合条件的货物、集装箱、托盘等，各国承诺给予临时入境免税的待遇。[1]在整个国际贸易的大循环中，货物、集装箱、托盘等临时通过某国是国际贸易的常态。如果对临时过境的货物等征收关税，将极大地阻碍国际贸易的发展。因此，取消临时过境货物等的关税，可以极大地激发国际贸易的发展。

关于农产品出口补贴，这也是一直以来谈判最为艰难的部分之一，“缔约方的共同目标是在多边框架下取消对农产品的出口补贴，并且应当共同努力阻止对农产品的出口补贴以任何形式被重新使用”[2]，如果这一愿景能够逐步落实，对于自由贸易所产生的影响是不可估量的。

二、原产地规则

原产货物包括 3 种情况，第一种是完全获得或者生产的货物，第二种是在一缔约方仅使用来自一个或一个以上缔约方的原产材料生产的货物，第三种是在一缔约方使用非原产材料生产，并且符合产品特定原产地规则所列的适用要求的货物。[3]完全获得或者生产的货物包含 10 种情形，例如，在一缔约方种植、收获、采摘或收集的植物或植物货物，包括果实、花卉、蔬菜、树木、海藻、菌类和活植物；在一缔约方出生并饲养的活动物；从一缔约方饲养的活动物中获得的货物；在一缔约方通过狩猎、诱捕、捕捞、耕种、水产

〔1〕 参见《区域全面经济伙伴关系协定》第二章第 10 条第一项规定：“每一缔约方应当按照其法律法规，允许被运入其关税区的货物有条件的全部或部分免于支付进口关税和国内税，如此类货物：（一）为特定目的而运入其关税区；（二）计划在特定期限内复出口；以及（三）除因其使用所造成的正常折旧和磨损外未发生任何改变。”《区域全面经济伙伴关系协定》第二章第 11 条第一项规定：“每一缔约方，根据其法律法规或该缔约方作为参与方的相关国际协定的规定，应当允许正在使用或被用于装运国际运输货物的集装箱和托盘的免税临时准入，不论其原产地。”

〔2〕 《区域全面经济伙伴关系协定》第二章第 13 条第二项。

〔3〕 参见《区域全面经济伙伴关系协定》第三章第 2 条。

养殖、收集或捕获直接获得的货物等。[1]产品特定原产地规则为5000多种货物分别规定了原产地认定规则。原产地规则与所适用的关税税率直接相关，历来是各方谈判的焦点，也是对生产商、销售商影响重大的规则。

三、服务贸易

根据《区域全面经济伙伴关系协定》第八章第1条，服务贸易是指“1. 自一缔约方领土向任何其他缔约方领土内提供服务；2. 在一缔约方领土内向任何其他缔约方的服务消费者提供服务；3. 一缔约方的服务提供者通过在任何其他缔约方领土内的商业存在提供服务；4. 一缔约方的服务提供者通过在任何其他缔约方领土内的一缔约方的自然人存在提供服务”。随着人类社会的不断演进，服务贸易在世界贸易中的比重呈逐渐上升之势。从现今逐渐开始普及的人工智能技术来看，服务比货物更难以为人工智能所替代，特别是与人直接相关的服务如家政服务等。服务贸易由于其与人连接更紧密

---

〔1〕 参见《区域全面经济伙伴关系协定》第三章第3条“完全获得或者生产的货物”规定，就第三章第2条（原产货物）而言，下列货物应当视为在一缔约方完全获得或者生产：（一）在该缔约方种植、收获、采摘或收集的植物或植物货物，包括果实、花卉、蔬菜、树木、海藻、菌类和活植物；（二）在该缔约方出生并饲养的活动物；（三）从该缔约方饲养的活动物中获得的货物；（四）在该缔约方通过狩猎、诱捕、捕捞、耕种、水产养殖、收集或捕获直接获得的货物；（五）从该缔约方土壤、水域、海床或海床底土提取或得到的未包括在上述第（一）项至第（四）项范围的矿物质或其他天然生成物质；（六）从缔约方和非缔约方领海以外的水域、海床或海床底土，由该缔约方的船只获得的海洋渔获产品和其他海洋生物并且由该缔约方或该缔约方的人获得的其他货物，且符合国际法规定，对于从缔约方或非缔约方的专属经济区捕捞的海洋渔获产品和其他海洋生物，该缔约方或该缔约方的人应当有权开发该专属经济区，对于其他货物，该缔约方或该缔约方的人应当依据国际法有权开采相关海床和海床底土；（七）该缔约方船只依照国际法在公海获得的海洋渔获产品和其他海洋生物；（八）在该缔约方加工船上仅使用第（六）项或第（七）项所述的货物进行加工或制造的货物；（九）满足下列条件的货物：1. 在该缔约方生产或消费中产生的，仅适用于废弃处置、原材料回收或回收利用的废碎料；或者2. 在该缔约方收集的仅适用于废弃处置、回收原材料或回收利用的旧货物；以及（十）在该缔约方仅使用第（一）项至第（九）项所述的货物或其衍生物获得或生产的货物。

的特性，服务贸易自由化对一国长远的影响更为深入。《区域全面经济伙伴关系协定》对服务贸易所规定的开放程度显著高于现有的大多数自由贸易协定。

四、投资

投资是当今世界最重要的经济活动之一，对于人类社会的发展和进步起着不可或缺的作用。同时，投资的逐利性在有些情况下也会对经济造成破坏。投资的自由、顺畅、规范运行是各国共同关心的问题，也是谈判中反复协商的焦点之一。《区域全面经济伙伴关系协定》对投资作了如下定义："投资指一个投资者直接或间接，拥有或控制的，具有投资特征的各种资产，此类特征包括承诺资本或其他资源的投入、收益或利润的期待或风险的承担。"该定义对投资的本质特征进行了科学的阐释，投资是对不确定性进行管理的活动，涉及对所有因素的系统分析，需要平衡自由与安全之间的关系。对于投资的理解因人而异，各国对投资的认识有时差异巨大，能够达成一定共识实属不易。

促进投资自由便利化遵循的主要原则包括国民待遇、最惠国待遇、公平公正待遇等。例如，国民待遇是指在投资的设立、取得、扩大、管理、经营、运营、出售或其他处置方面，每一缔约方给予另一缔约方投资者和所涵盖投资的待遇应当不低于在类似情形下其给予本国投资者及其投资的待遇。国民待遇往往具有决定性意义，如果外国投资者无法享受与内国投资者同等的待遇，在实力相当的情况下外国投资者很难在商业竞争中取得成功，最终极易导致外国投资者离开。最惠国待遇、公平公正待遇与国民待遇所遵循的基本原理相同，均是为保证不同情境下外国投资者拥有商业竞争成功的机会，外国投资者才乐于进入内国投资。

第三节　非洲联盟《2063 年议程》

非洲是一片广袤的大陆，这片大陆横跨热带、温带、寒带，地上草原、森林、山川河流广布，地下矿产资源丰富，自然禀赋并不逊于其他大洲。非洲发展在历史上经历诸多波折，如今已经逐渐走上快速发展的道路。

1963 年，31 个非洲国家在亚的斯亚贝巴举行非洲国家首脑会议，建立了非洲统一组织。2002 年，非洲统一组织转变为非洲联盟。非洲联盟有着宏大的愿景，包括统一货币、共同防务等。在过去的 50 年中，非洲实现了长足的发展，经济、社会等各项指标均出现了前所未有的增长。展望未来，非洲联盟提出《2063 年议程》。《2063 年议程》是非洲各层面集体智慧的结晶，是非洲大陆促进包容性增长和可持续发展的共同战略框架，基于以往在国家、非洲大陆和全球各层面取得的成就、面临的挑战和机遇，为非洲大陆转型提供了基础和背景。[1]

非洲诸多国家均位于“一带一路”沿线，《2063 年议程》是与“一带一路”倡议相互对接的重要规范性文件。《2063 年议程》提出的愿景与“一带一路”倡议的理念原则有很多共通之处，能够相互促进，彼此融合，共同发展。《2063 年议程》主要包含了 5 个方面的内容：2063 年非洲的愿景，议程的进展、挑战和影响，议程的目标、优先领域、次目标和指示性战略，成功的关键因素、潜在风险、威胁和缓解策略，实施、监察、评价、筹资以及执行和沟通能力。

愿景是一个国家，一个民族，一块大陆展望未来的能力。拥有愿景是人类团体进步的起始，一代代人类就是在愿景的激励下不断前行。《2063 年议程》提出了非洲未来 50 年的 7 大愿景：1. 一个以包容性增长和可持续发展为基础的繁荣非洲。2. 一个政治上团结一致、以泛非洲主义理想和非洲复兴愿景为基础的一体化非洲大陆。3. 一个善政、民主、尊重人权、正义和法治的非洲。4. 一个和平与安全的非洲。5. 一个具有强烈文化认同、共同遗产、共同价值观和道德观的非洲。6. 一个以人为本的非洲，依靠非洲人民特别是非洲妇女和青年的潜力，关爱儿童。7. 非洲成为一个强大、团结、坚韧

〔1〕 参见《2063 年议程》。

和有影响力的全球行动者和伙伴。

一、一个以包容性增长和可持续发展为基础的繁荣非洲

《2063年议程》提出：“非洲将提高收入和创造就业机会，特别是通过正规私营部门的增长消除贫穷。”世界各国经济起飞的历史经验表明，引入资金，建立规范的市场化经济体系是经济可持续发展的路径选择。工商业的发展可以创造众多的就业岗位，激发强劲的经济增长势头。《2063年议程》提出：“非洲繁荣的一个关键驱动力是注重实现100%识字率和计算能力，以及明确强调科学、技术和工程的优质教育发展起来的世界级人力资本。”科学技术是当今世界发展的主导力量，谁掌握了先进的科学技术，谁就可以在发展中处于前沿地位。非洲拥有强大的人力资本，如果其中的一部分人力资本可以转变成高素质科技人才，非洲的发展将跃上新的台阶。《2063年议程》提出：“非洲将消除所有被忽视的热带疾病，埃博拉等所有传播和传染疾病将得到全面控制；将建立健全的综合系统，大大减少非传染性疾病和与生活方式变化有关的疾病，包括肥胖症、糖尿病、心血管疾病，并将艾滋病毒/艾滋病、疟疾和结核病的死亡人数减少到零”，疾病是全人类的共同敌人，人类发展的核心任务之一便是消除疾病。以治疗疾病为代表的生命科学，也是人类最高智慧的表现形式之一。2021年，联合国艾滋病规划署发布了《全球承诺与地区行动》，指出人类有能力终结艾滋病。即便是艾滋病这样不易治愈的疾病，人类也有能力战胜它，可见只要全球团结起来，战胜疾病的速度就会加快。非洲卫生事业的发展与全球息息相关，非洲拥有极其丰富的遗传资源，在人类攻克重大疾病的征途中，非洲将发挥重要作用。《2063年议程》提出：“2063年的非洲将是一个每个公民都能负担得起和可持续地获得优质基本服务的大陆，这些服务包括体面的、负担得起的住房，获得充足和清洁的水以及卫生设施、交通便利和其他服务。接入高速宽带互联网将不再是少数人才承担得起的奢侈品，而是所有公民的权利。”基础设施通常是国家发展的起始条件。基础设施建设是共建“一带一路”的重要内容，非洲可以充分利用国际生产能力和资金加速本地基础设施建设，

以尽快实现非洲的进步。《2063 年议程》提出："通过系统地管理外部冲击风险，非洲将实现恢复力增强的多样化经济。这将通过增加对创新、知识、科学和创业产生的新产品的依赖，以及旅游业、蓝色经济、创意艺术和金融服务等部门的增长来实现。"一国经济体越脆弱，便越容易受到外部的干扰。例如，如果一国经济高度依赖大宗商品出口，当大宗商品价格回落时，该国经济便会遭遇严重冲击。因此，具有韧性、多元化的经济体对于抵御风险是不可或缺的。非洲资源禀赋优异，具备经济多元化的条件，无论是旅游业、蓝色经济还是创意艺术、农业，均具有广阔的发展空间。

《2063 年议程》提出："非洲农业将成为一个具有竞争力的粮食和农业体系，满足非洲内部、地方、国家、区域市场的快速增长和多样化的农产品需求，并越来越多地响应日益增长和迫切的全球市场的需求。"非洲拥有大面积的可耕地，所以农业是非洲最大的潜力，可以成为推动非洲大陆增长和转型的主要推动力。非洲拥有养活自身和世界所需的一切——包括肥沃的土壤和水源充足的可耕地，以及长期掌握土地耕作知识的辛勤农民。[1]非洲农业的发展需要制度和技术的推动，优质的农产品在全球范围内并不缺市场，关键是让各种农业要素真正地运转起来。非洲渔业也具有天然优势，非洲拥有漫长的海岸线，以及遍布大陆的众多湖泊，发展蓝色经济得天独厚。《2063 年议程》提出："我们想要的非洲到 2063 年，非洲的生物多样性，包括森林、野生生物、湿地（湖泊和河流）、遗传资源以及水生生物，特别是鱼类种群以及沿海和海洋生态系统，包括跨境自然资源，将得到充分的保护和可持续的利用。"非洲拥有世界上最大的原始森林、原始水域，其生物多样性在全球生态系统中占据重要位置。非洲需要建立有效的制度以保护其良好的自然环境。

---

〔1〕 参见《2063 年议程》。

二、一个政治上团结一致、以泛非洲主义理想和非洲复兴愿景为基础的一体化非洲大陆

《2063年议程》提出："到2063年，非洲将实现先父们关于统一非洲、善政和民主的非洲大陆联盟的梦想或愿景。非洲的政治统一将是一体化进程的高潮，包括人员自由流动、建立大陆制度和全面经济一体化"。非洲统一是能够影响整个人类历史进程的历史性事件，议程中所描绘的愿景如果能够实现，非洲大陆无论从人口面积还是自然资源禀赋而言，均将成为人类社会存在过的最大联合体之一。非洲统一将通过经济融合、基础设施建设等实现，例如，关于经济融合，《2063年议程》提出了从非洲大陆自由贸易区、非洲关税联盟，到非洲共同市场、非洲货币联盟这样一种路径。[1]在经济的融合过程中，基础设施建设、治理体系等也会随之共同发展。在解决经济融合过程中产生的问题时，治理体系便会逐渐完善，基础设施也会延伸到经济触角能够触及的每一个角落。

三、一个善政、民主、尊重人权、正义和法治的非洲

只有发展符合正义与法治的要求，非洲才会成为真正的非洲。正义与法治是人类社会千年以来的不懈追求，也代表着人类的未来。《2063年议程》提出："到2063年，非洲将成为一个充分遵守普世人权、正义和法治原则、尊重和保护妇女和女童人权的大陆。所有国家都将全面贯彻和遵守《非洲人权和人民权利宪章》。"《非洲人权和人民权利宪章》提出："认识到一方面，基本人权源于人类本性，此乃人权国际保护的法律依据"，《非洲统一组织宪章》提出："自由平等、正义与尊严是非洲各国人民实现其合法愿望的主要目的"。非洲在一系列纲领性文件中阐释了对正义、法治等基本价值的认识，这些价值构成非洲建设和发展的目标。《2063年议程》提出："非洲将是一个制度为人民服务的大陆——建立有力的制度，以加强公民对发展、经济和治理管理的参与。"当发展的出发点、

---

〔1〕参见《2063年议程》。

着力点回到人民的时候，一个国家、一个区域的发展便走在了可持续的道路上。国家、区域之本质是人的集合体，其特征是人的集体呈现。只有个体的人实现了人的意义，国家、区域才能行稳致远。

四、一个和平与安全的非洲

《非洲人权和人民权利宪章》提出："一切民族均有权享受国内和国际的和平与安全。"和平与安全是个人福祉和国家发展的基础条件。历史表明，一段相对安全的时期对于国家发展具有非常重要的意义。《2063年议程》提出："到2063年，非洲将成为一个和平与安全的大陆，一个没有冲突的大陆，基层社区之间和睦相处，相互理解。国家间和国家内部的战争将完全消除，并将建立防止和（或）立即解决任何类型的社区间冲突的机制；有组织犯罪、恐怖主义（和平与发展的主要障碍）和其他形式的犯罪网络，如海盗活动得到充分控制。非洲将是一个没有毒品的大陆，没有人口贩卖。多样性（种族、宗教、经济、文化等）将成为财富和加速经济增长的源泉，而不是冲突的根源。"航海大发现将全球联系在一起，500多年来，非洲始终倍受战争、冲突、安全等问题困扰，有时威胁来自外部，有时威胁来自内部。一个和平与安全的非洲是非洲人民长久以来的愿望。为了实现这个愿望，《2063年议程》提出了一些路径，例如，"建立非洲逮捕令制度和信息交流制度，惩处贩毒、洗钱、网络犯罪、恐怖主义相关活动等跨国犯罪活动""由文职人员完全控制军警部门""非洲海陆空和平部队和冲突解决部队将在适当的联合非洲权力机构下成立并全面运作"等。[1]这是一些符合非洲情况的建设性议程，要实现这些设想，非洲还有相当多的工作要做。

五、一个具有强烈文化认同、共同遗产、共同价值观和道德观的非洲

文化是强大的精神力量，这种精神力量最终也会转变为物质力

〔1〕 参见《2063年议程》。

量。文化是最深沉、最持久的力量，真正理解自己的文化能够带来前进的不竭动能。《2063 年议程》提出：“到 2063 年，泛非洲主义价值观和理想的成果将在非洲大陆内外的所有方面都显现出来。”20 世纪，爱德华·威尔莫特·布莱登开启了泛非主义运动，被誉为“泛非主义之父”。1919 年，杜波依斯等人在巴黎召开了第一次泛非主义大会。1963 年，非洲统一组织成立。2002 年，非洲统一组织转变为非洲联盟。100 多年来，泛非主义理想始终在持续地实现中。《2063 年议程》更是提出了雄心勃勃的计划，例如，“非洲历史、文化和艺术博物馆将于 2025 年建成，每两年举办一次非洲文化和体育节。在此之前，所有非洲文化宝藏/遗产都将在 2025 年之前追回。”非洲大量的文物流落在世界各地，2025 年之前追回绝非易事，但实践中也不断出现可喜的进展，例如，法国官方在正式研究归还非洲文物的方案，非洲文物以借展的方式回到非洲等。

《2063 年议程》提出：“泛非洲理想将被纳入所有学校的主流课程，泛非洲文化资产（电影、音乐、戏剧等）将得到加强，以确保非洲创意艺术通过加强非洲青年的创新，以直接的方式对非洲和世界的国内生产总值作出重大贡献。”泛非主义和非洲文化传承是非洲文脉的根髓所在。最深刻的认识必须通过最朴素的实践来实现，教育、艺术等是深邃思想在日常生活中的最好载体。

六、一个以人为本，依靠非洲人民特别是妇女和青年的潜力，关爱儿童的非洲

《2063 年议程》提出：“到 2063 年，针对妇女和女童所有形式的暴力和歧视（社会、经济、政治方面），包括冲突局势中的性暴力，都将不复存在，她们将充分享受其所有的人权。这意味着结束所有有害的社会习俗（童婚、女性割礼等），为妇女和女童获得高质量医疗和教育清除所有的障碍，结束各级教育中的所有性别差异对待。”从科学的角度衡量，女性割礼不具有积极意义，一些程度较重的割礼对于女性身体具有显而易见的伤害。女性割礼是在一种特殊的人文环境中形成的，今天，人类已经掌握了足以认清女性割礼的知识，这也是非洲自我认识到这一点并决心消除女性割礼的原

因，正如《2063 年议程》中所呈现的那样。习俗的力量异常强大，即便是陋习，想要革除也并非易事。这需要政府、民众、社会组织等群体的共同努力。如果《2063 年议程》代表非洲从整体上已经认识到这一点，那么在现实中消除这一习俗已经为期不远，只是还需要一步步坚实的努力。如女性割礼一样，女性遭遇的其他差别待遇本质上均是由同样的文化认知结构等造成的。改变这种文化认知结构以及由其衍生的各种制度、习俗，就从根本上消除了针对妇女和女童的暴力与歧视。

七、非洲成为一个强大、团结、坚韧和有影响力的全球行动者和伙伴

非洲无论从其人口、资源还是地缘优势而言，均是全球行动的有力参与者。《2063 年议程》提出："到 2063 年，非洲将承担起为自己的增长和转型提供资金的全部责任，摆脱对捐赠的依赖，或者说将商品出口完全从塑造非洲大陆的因素中剔除出去。非洲将全面掌管其自然资源，投资并使其当时训练有素和技术熟练的公民参与进来，同时发展金融资本和商品期货市场以及广泛的信息通信技术和网络系统，非洲也将能够为联盟政府和其他关键战略举措提供资金，包括非洲空间局以及南北极探索与海洋学局。"经济独立是非洲成为全球重要行动者的前提条件。非洲经济具有形成内部循环和外部循环的禀赋，达成目标的关键在于将这种禀赋现实地开发出来。非洲拥有丰富的自然资源，但关于这种资源的开发尚需形成科学合理的制度。至少有一点应作为基础，即这些资源的开发从整体和长远利益上应有益于非洲的发展。完善的制度和先进的科学技术是发展的支柱。金融系统自 400 年前的荷兰开始直至今日，始终是发展经济的关键引擎。金融系统能够整合人们的雄心，建立信任并将美好愿望转变成现实，历史上很多国家的发展过程均证实了这一点。科学技术从来都是人类生活的支柱，例如具有悠久历史的医学。从牛顿划时代的科学发现开始，人类历史进入了科学技术迅猛改变人类生活的阶段，人类今天已经进入空间、海洋、极地，正在向更广阔的深空、深海、地球内部等区域进行探索。《2063 年议程》提到，

非洲将建立金融市场、探索太空、两极、海洋的机构，非洲有智慧、也应参与到人类的科学发展和探索中来。

《2063 年议程》提出：“到 2063 年，非洲将能够从战略上管理一个多极世界演变所带来的机遇和风险，这个多极世界正通过全球政治和经济力量的重大调整而形成”。如果从 5000 年的视角审视人类文明，人类文明始终是多极化的。已知的智人活动遍布世界各地，并以基本相同的节奏向前发展，形成了多姿多彩的文明。历史不断伴随着霸权的征服，但并没有真正影响到文化多样性，文化多样性是人类智慧发展自然形成的。今天，多极化仍在塑造人类社会，人类社会的任何成员均有可能为世界发展作出贡献。

结 语

包容性是人类文明的本质特征之一。从古至今，人类文明始终是在包容中发展。认真考察世界各文明的历史，就会发现无论是文明内部还是文明之间，始终在不断融合发展。古丝绸之路既因包容性而生，也是包容性的载体。

“丝绸之路经济带和21世纪海上丝绸之路是中国为世界提供的重要公共产品。”〔1〕“一带一路”倡议是古丝绸之路包容精神的时代呈现。面对错综复杂的国际社会，包容性是人类未来发展的必由之路。中华民族向来“追求‘大道之行、天下为公’、崇尚‘亲仁善邻、协和万邦’、倡导‘和衷共济、守望相助’……秉承‘天下一家、命运与共’的价值理念……”〔2〕鸟瞰纵越千年的人类文明，正是世界各民族智慧的结晶。面对疾病、气候变化等共同挑战，任何一个国家均无法独自应对，人类必须携起手来。

习近平总书记指出：“历史总是伴随着人们追求美好生活的脚步向前发展的。回首2000多年前，我们的先辈们正是迈着这样的脚步，靠着坚韧不拔的进取精神，开辟出联通亚欧大陆的丝绸之路，

〔1〕 中华人民共和国国务院新闻办公室：“《新时代的中国国际发展合作》白皮书（全文）”，载 http://www.scio.gov.cn/zfbps/32832/Document/1696685/1696685.htm，最后访问日期：2021年8月1日。

〔2〕 中华人民共和国国务院新闻办公室：“《新时代的中国国际发展合作》白皮书（全文）”，载 http://www.scio.gov.cn/zfbps/32832/Document/1696685/1696685.htm，最后访问日期：2021年8月1日。

强有力地推动了人类文明发展进步。”[1]丝绸之路是人类历史上第一次大规模相互交往，是人类融合、全球化的一个重要起点。英国历史学家彼得·弗兰科潘在《丝绸之路：一部全新的世界史》一书中写道：“数千年来，连接着欧洲和太平洋、坐落在东西方之间的那块区域，才是地球运转的轴心。”[2]弗兰科潘实事求是地考察了全球历史，深入分析了丝绸之路对世界历史形成的影响，抓住了理解问题的本质。“万物得其本者生，百事得其道者成。”[3]理解丝绸之路是理解世界古代交往史的关键，也是全面准确把握世界古代交往情况的钥匙。

“天行健，君子以自强不息；地势坤，君子以厚德载物。”[4]今天我们站在新的历史起点上，面对世界百年未有之大变局，更应秉承丝路精神，以构建人类命运共同体的伟大胸怀，共同谱写人类美好未来的壮丽篇章。

---

〔1〕 习近平：“在‘一带一路’国际合作高峰论坛圆桌峰会上的闭幕辞”，载《人民日报》2017年5月16日，第3版。

〔2〕 [英] 彼得·弗兰科潘：《丝绸之路：一部全新的世界史》，邵旭东、孙芳译，浙江大学出版社2016年版，“前言”第Ⅱ页。

〔3〕 刘向：《说苑》（卷十六），杨以漟校，商务印书馆1937年版，第154页。

〔4〕 《周易》。

附　录

一、习近平在哈萨克斯坦纳扎尔巴耶夫大学的演讲《弘扬人民友谊，共创美好未来》

弘扬人民友谊　共创美好未来
——在纳扎尔巴耶夫大学的演讲
（2013 年 9 月 7 日，阿斯塔纳）
中华人民共和国主席　习近平

尊敬的纳扎尔巴耶夫总统，

尊敬的校长先生，

各位老师，各位同学，

女士们，先生们，朋友们：

大家好！这次，我应纳扎尔巴耶夫总统邀请，来到伟大邻邦哈萨克斯坦进行国事访问。有机会来到纳扎尔巴耶夫大学，并同大家见面，感到十分高兴。

首先，我向友好的哈萨克斯坦人民，向纳扎尔巴耶夫大学的老师们、同学们，向今天在座的各位朋友，转达中国人民的诚挚问候和良好祝愿。

哈萨克民族有一句谚语：“一片土地的历史，就是在她之上的人民的历史”。哈萨克斯坦独立以来，在纳扎尔巴耶夫总统领导下，政治长期稳定，经济快速发展，民生大幅改善，国际影响力显著提升。

我们所在的阿斯塔纳市，在短短十几年间发展成为一座美丽现代化城市，就是哈萨克斯坦人民在这片神奇土地上书写的一个优美诗篇。在这里，我看到了哈萨克斯坦人民勤劳智慧的奋斗，也看到了哈萨克斯坦人民充满光明的未来。

女士们、先生们、朋友们！

2100多年前，中国汉代的张骞肩负和平友好使命，两次出使中亚，开启了中国同中亚各国友好交往的大门，开辟出一条横贯东西、连接欧亚的丝绸之路。

我的家乡陕西，就位于古丝绸之路的起点。站在这里，回首历史，我仿佛听到了山间回荡的声声驼铃，看到了大漠飘飞的袅袅孤烟。这一切，让我感到十分亲切。

哈萨克斯坦这片土地，是古丝绸之路经过的地方，曾经为沟通东西方文明，促进不同民族、不同文化相互交流和合作作出过重要贡献。东西方使节、商队、游客、学者、工匠川流不息，沿途各国互通有无、互学互鉴，共同推动了人类文明进步。

古丝绸之路上的古城阿拉木图有一条冼星海大道，人们传诵着这样一个故事。1941年伟大卫国战争爆发，中国著名音乐家冼星海辗转来到阿拉木图。在举目无亲、贫病交加之际，哈萨克音乐家拜卡达莫夫接纳了他，为他提供了一个温暖的家。

在阿拉木图，冼星海创作了《民族解放》、《神圣之战》、《满江红》等著名音乐作品，并根据哈萨克民族英雄阿曼盖尔德的事迹创作出交响诗《阿曼盖尔德》，激励人们为抗击法西斯而战，受到当地人民广泛欢迎。

千百年来，在这条古老的丝绸之路上，各国人民共同谱写出千古传诵的友好篇章。2000多年的交往历史证明，只要坚持团结互信、平等互利、包容互鉴、合作共赢，不同种族、不同信仰、不同文化背景的国家完全可以共享和平，共同发展。这是古丝绸之路留给我们的宝贵启示。

女士们、先生们、朋友们！

20多年来，随着中国同欧亚国家关系快速发展，古老的丝绸之路日益焕发出新的生机活力，以新的形式把中国同欧亚国家的互利合作不断推向新的历史高度。

远亲不如近邻。中国同中亚国家是山水相连的友好邻邦。中国高度重视发展同中亚各国的友好合作关系，将其视为外交优先方向。

当前，中国同中亚国家关系发展面临难得机遇。我们希望同中亚国家一道，不断增进互信、巩固友好、加强合作，促进共同发展繁荣，为各国人民谋福祉。

——我们要坚持世代友好，做和谐和睦的好邻居。中国坚持走和平发展道路，坚定奉行独立自主的和平外交政策。我们尊重各国人民自主选择的发展道路和奉行的内外政策，决不干涉中亚国家内政。中国不谋求地区事务主导权，不经营势力范围。我们愿同俄罗斯和中亚各国加强沟通和协调，共同为建设和谐地区作出不懈努力。

——我们要坚定相互支持，做真诚互信的好朋友。在涉及国家主权、领土完整、安全稳定等重大核心利益问题上坚定相互支持，是中国同中亚各国战略伙伴关系的实质和重要内容。我们愿同各国在双边和上海合作组织框架内加强互信、深化合作，合力打击“三股势力”、贩毒、跨国有组织犯罪，为地区经济发展和人民安居乐业创造良好环境。

——我们要大力加强务实合作，做互利共赢的好伙伴。中国和中亚国家都处在关键发展阶段，面对前所未有的机遇和挑战。我们都提出了符合本国国情的中长期发展目标。我们的战略目标是一致的，那就是确保经济长期稳定发展，实现国家繁荣富强和民族振兴。我们要全面加强务实合作，将政治关系优势、地缘毗邻优势、经济互补优势转化为务实合作优势、持续增长优势，打造互利共赢的利益共同体。

——我们要以更宽的胸襟、更广的视野拓展区域合作，共创新的辉煌。当前，世界经济融合加速发展，区域合作方兴未艾。欧亚地区已经建立起多个区域合作组织。欧亚经济共同体和上海合作组织成员国、观察员国地跨欧亚、南亚、西亚，通过加强上海合作组织同欧亚经济共同体合作，我们可以获得更大发展空间。

女士们、先生们、朋友们!

为了使我们欧亚各国经济联系更加紧密、相互合作更加深入、发展空间更加广阔,我们可以用创新的合作模式,共同建设"丝绸之路经济带"。这是一项造福沿途各国人民的大事业。我们可从以下几个方面先做起来,以点带面,从线到片,逐步形成区域大合作。

第一,加强政策沟通。各国可以就经济发展战略和对策进行充分交流,本着求同存异原则,协商制定推进区域合作的规划和措施,在政策和法律上为区域经济融合"开绿灯"。

第二,加强道路联通。上海合作组织正在协商交通便利化协定。尽快签署并落实这一文件,将打通从太平洋到波罗的海的运输大通道。在此基础上,我们愿同各方积极探讨完善跨境交通基础设施,逐步形成连接东亚、西亚、南亚的交通运输网络,为各国经济发展和人员往来提供便利。

第三,加强贸易畅通。丝绸之路经济带总人口近30亿,市场规模和潜力独一无二。各国在贸易和投资领域合作潜力巨大。各方应该就贸易和投资便利化问题进行探讨并作出适当安排,消除贸易壁垒,降低贸易和投资成本,提高区域经济循环速度和质量,实现互利共赢。

第四,加强货币流通。中国和俄罗斯等国在本币结算方面开展了良好合作,取得了可喜成果,也积累了丰富经验。这一好的做法有必要加以推广。如果各国在经常项下和资本项下实现本币兑换和结算,就可以大大降低流通成本,增强抵御金融风险能力,提高本地区经济国际竞争力。

第五,加强民心相通。国之交在于民相亲。搞好上述领域合作,必须得到各国人民支持,必须加强人民友好往来,增进相互了解和传统友谊,为开展区域合作奠定坚实民意基础和社会基础。

各位老师、各位同学!

青年是民族的未来。哈萨克斯坦伟大诗人、思想家阿拜·库南巴耶夫说过:"世界有如海洋,时代有如劲风,前浪如兄长,后浪是兄弟,风拥后浪推前浪,亘古及今皆如此。"看着同学们朝气蓬勃的精神面貌，我不由想起了我的大学时代，那是一个令人难忘的青春记忆。

哈萨克斯坦人民常讲：“有知识，世界一片光明；没知识，眼前一片混沌。”知识就是力量。青年时代是学习知识、陶冶情操、增长本领的黄金时期。我相信，从这里走出的莘莘学子，一定能成为哈萨克斯坦民族振兴的栋梁。

为促进上海合作组织框架内青年交流，中国将在未来 10 年向上海合作组织成员国提供 3 万个政府奖学金名额，邀请 1 万名孔子学院师生赴华研修。希望你们利用上述奖学金到中国学习交流。

在此，我邀请贵校 200 名师生明年赴华参加夏令营活动。

女士们、先生们、朋友们！

青年是人民友谊的生力军。青年人情趣相近、意气相投，最谈得来，最容易结下纯真的友谊。这里，我想起了中哈两国人民交往的两个感人故事。

第一个是，上世纪 40 年代末，一位在新疆工作的中国小伙儿认识了在当地医院工作的美丽姑娘瓦莲金娜，两人真心相爱并结婚生子。后来，由于一些客观原因，瓦莲金娜回国了，当时他们的儿子才 6 岁。这个孩子长大后，不断寻找自己的母亲，想尽了各种办法，始终没有音讯。2009 年，儿子终于找到了自己的母亲瓦莲金娜，他的母亲就住在阿拉木图。这一年，儿子 61 岁，瓦莲金娜 80 岁。后来，儿子来到阿拉木图看望母亲，还把母亲接到中国旅游。这迟到了半个世纪的幸福，是中哈人民友好的有力见证。

第二个是，RH 阴性血型在中国属于十分稀有的血型，被称为“熊猫血”。这种血型的病人很难找到血源。哈萨克斯坦留学生鲁斯兰正是这种血型。在海南大学读书期间，鲁斯兰自 2009 年起参加无偿献血，每年两次，为一些中国病人解除病痛作出了贡献。当中国朋友称赞鲁斯兰时，鲁斯兰说：“我觉得应该帮助别人，献血是我应该做的。”

这两个感人故事，只是中哈两国人民友好交往史诗中的两个片断，但充分说明了我们两国人民是心心相印、亲如手足的。

我相信，包括在座各位同学在内的中哈两国青年，一定会成为中哈友谊的使者，为中哈全面战略伙伴关系发展贡献青春和力量。

女士们、先生们、朋友们！

中哈两国是唇齿相依的友好邻邦。1700 多公里的共同边界、2000 多年的交往历史、广泛的共同利益，把我们紧密联系在一起，也为发展两国关系和深化互利合作开辟了广阔前景。让我们携起手来，弘扬传统友谊，共创美好未来！

谢谢大家。

二、习近平在印度尼西亚国会的演讲《携手建设中国—东盟命运共同体》

携手建设中国-东盟命运共同体

——在印度尼西亚国会的演讲

(2013 年 10 月 3 日，雅加达)

中华人民共和国主席 习近平

尊敬的印尼国会马祖基议长及各位副议长，

尊敬的印尼人协西达尔托主席及各位副主席，

尊敬的印尼地方代表理事会伊尔曼主席及各位副主席，

各位议员朋友，各位部长先生，

女士们，先生们，朋友们：

阿巴嘎坝！大家好！今天，有机会来到印度尼西亚国会，同各位朋友见面，感到十分高兴。

我是应苏西洛总统的邀请，对素有“千岛之国”美称的印度尼西亚进行访问。这是我这次东南亚之行的第一站，是传承友好关系之旅，也是规划合作之旅。

首先，我谨代表中国政府和人民，并以我个人的名义，向在座各位朋友，向兄弟的印度尼西亚人民，致以诚挚的问候和良好的祝愿！

20 年前，我曾访问过贵国，亲身体验了印度尼西亚发展情况以及丰富多彩的自然和文化。20 年弹指一挥间，但那时的场景仿佛就发生在昨天，依然历历在目。再次踏上这片美丽的土地，我更加深切地感受到两国关系的旺盛活力，更加深切地体会到两国人民的深情厚谊。

近年来，在苏西洛总统领导下，印度尼西亚人民团结一心、奋发努力，开创出经济发展、社会稳定、国力蒸蒸日上的良好局面。

我衷心祝愿印度尼西亚人民依靠自己的勤劳和智慧，不断创造更加美好的未来。

女士们、先生们、朋友们！

中国和印度尼西亚隔海相望，两国友好关系的历史源远流长，在长期交往的过程中，两国人民共同谱写了一曲曲交流交融的华彩乐章。正如在中国家喻户晓的印度尼西亚民歌《美丽的梭罗河》所描述的那样：“你的源泉来自梭罗，万重山送你一路前往，滚滚的波涛流向远方，一直流入海洋”。中国和印尼关系发展，如同美丽的梭罗河一样，越过重重山峦奔流向海，走过了很不平凡的历程。

早在2000多年前的中国汉代，两国人民就克服大海的阻隔，打开了往来的大门。15世纪初，中国明代著名航海家郑和七次远洋航海，每次都到访印尼群岛，足迹遍及爪哇、苏门答腊、加里曼丹等地，留下了两国人民友好交往的历史佳话，许多都传诵至今。

几百年来，遥远浩瀚的大海没有成为两国人民交往的阻碍，反而成为连接两国人民的友好纽带。满载着两国商品和旅客的船队往来其间，互通有无，传递情谊。中国古典名著《红楼梦》对来自爪哇的奇珍异宝有着形象描述，而印度尼西亚国家博物馆则陈列了大量中国古代瓷器，这是两国人民友好交往的生动例证，是对“海内存知己，天涯若比邻”的真实诠释。

在上世纪争取民族独立和解放的历史进程中，两国人民始终相互同情、相互支持。新中国成立后，印度尼西亚是最早同中国建交的国家之一。1955年，中国和印尼两国同其他亚非国家携手合作，在万隆会议上共同倡导了以和平共处、求同存异为核心的万隆精神。万隆精神至今仍是国与国相处的重要准则，为推动建设新型国际关系作出了不可磨灭的历史贡献。中国和印尼两国1990年实现复交、2005年建立战略伙伴关系，两国关系由此进入新的发展时期。

女士们、先生们、朋友们！

这次访问期间，我同苏西洛总统共同宣布将中国和印尼关系提升为全面战略伙伴关系，为的是让两国关系继往开来、全面深入发展。

现在，我们两国互信不断加深，双边关系政治基础更加牢固。两国务实合作领域更加广泛，既有经贸、金融、基础设施、能源资源、制造业等传统领域，还拓展到航天、海上等新兴领域，可谓“上天”、“入海”，给两国人民带来了实实在在的利益。

中国和印尼共同建设的泗水－马都拉大桥，是目前东南亚最长的跨海大桥，即将合作完成的加蒂格迪大坝灌溉面积达 9 万公顷，将给当地民众生产生活带来极大便利。中国和印尼在重大国际和地区事务中的合作不断加强，两国关系越来越具有地区和全球影响，对推动国际政治经济秩序更加公正合理具有积极意义。

这些都堪称新时期中国和印尼友好关系的重要标志。

印度尼西亚人民常讲：“金钱易得，朋友难求。”我们两国人民的真挚情谊，就是这种千金难求的宝贵财富。

2004 年 12 月 26 日，平静的印度洋骤然发生 9 级强震，并引发了大规模海啸，印度尼西亚亚齐省遭受重大生命财产损失，世界为之震惊。海啸发生后，中国政府立即启动应急机制，当天就宣布向包括印尼在内的受灾国提供援助，开展了新中国成立以来最大规模的一次对外救援行动。在中国，从工厂到机场，救援物资一路绿灯，一架架飞机满载着中国人民的爱心飞往亚齐等灾区。中国国际救援队是第一支抵达亚齐的国际救援队，他们在短短 13 天里救治了 1 万多名受灾群众。当地群众见到他们，不少人学会了用汉语说：“中国，北京，我爱你。”

中国民众也自发以各种方式对印尼灾区人民表达慰问、提供捐助。杭州市有一位老人，自身家境并不富裕，老伴患病长期住院，他本人也刚做完手术，但为了让印尼灾区孩子继续读书，他捐出了辛苦积攒下来的 1000 元人民币。钱虽不多，但充分体现了中国人民对印尼人民的一片深情厚谊。

同样，在中国人民遇到严重自然灾害时，印尼人民也向中国人民伸出了援助之手。2008 年 5 月 12 日，中国汶川发生特大地震，灾区人民急需救援。印尼第一时间向中国人民伸出了援手，派出医疗队赶赴灾区。印尼医疗队抵达灾区后，不顾灾后余震的危险，夜以继日工作，诊治了260名灾民，为844名居民和120名学生提供了义诊。印尼医疗队队员在回国前把身上所有钱物全部捐给了灾区。印尼人民也自发为汶川地震灾区捐款捐物，有的专程来到中国驻印尼大使馆，表达他们的祈愿和祝福。印尼民众的举动让中国人民深受感动。

这样的故事，在两国人民友好交往中数不胜数，充分印证了中国和印尼都有的一句成语，叫“患难与共”。

女士们、先生们、朋友们!

中国和东盟国家山水相连、血脉相亲。今年是中国和东盟建立战略伙伴关系10周年，中国和东盟关系正站在新的历史起点上。

中方高度重视印尼在东盟的地位和影响，愿同印尼和其他东盟国家共同努力，使双方成为兴衰相伴、安危与共、同舟共济的好邻居、好朋友、好伙伴，携手建设更为紧密的中国-东盟命运共同体，为双方和本地区人民带来更多福祉。

为此，我们要着重从以下几个方面作出努力。

第一，坚持讲信修睦。人与人交往在于言而有信，国与国相处讲究诚信为本。中国愿同东盟国家真诚相待、友好相处，不断巩固政治和战略互信。

世界上没有放之四海而皆准的发展模式，也没有一成不变的发展道路。中国和东盟国家人民勇于变革创新，不断开拓进取，探索和开辟顺应时代潮流、符合自身实际的发展道路，为经济社会发展打开了广阔前景。

我们应该尊重彼此自主选择社会制度和发展道路的权利，尊重各自推动经济社会发展、改善人民生活的探索和实践，坚定对对方战略走向的信心，在对方重大关切问题上相互支持，牢牢把握中国-东盟战略合作的大方向。

中国愿同东盟国家商谈缔结睦邻友好合作条约，共同绘就睦邻友好的美好蓝图。中国将一如既往支持东盟发展壮大，支持东盟共同体建设，支持东盟在区域合作中发挥主导作用。

第二，坚持合作共赢。“计利当计天下利。”中国愿在平等互利的基础上，扩大对东盟国家开放，使自身发展更好惠及东盟国家。中国愿提高中国-东盟自由贸易区水平，争取使2020年双方贸易额达到1万亿美元。

中国致力于加强同东盟国家的互联互通建设。中国倡议筹建亚洲基础设施投资银行，愿支持本地区发展中国家包括东盟国家开展基础设施互联互通建设。

东南亚地区自古以来就是“海上丝绸之路”的重要枢纽，中国愿同东盟国家加强海上合作，使用好中国政府设立的中国-东盟海上合作基金，发展好海洋合作伙伴关系，共同建设21世纪“海上丝绸之路”。中国愿通过扩大同东盟国家各领域务实合作，互通有无、优势互补，同东盟国家共享机遇、共迎挑战，实现共同发展、共同繁荣。

第三，坚持守望相助。中国和东盟国家唇齿相依，肩负着共同维护地区和平稳定的责任。历史上，中国和东盟国家人民在掌握民族命运的斗争中曾经并肩战斗、风雨同舟。近年来，从应对亚洲金融危机到应对国际金融危机，从抗击印度洋海啸到抗击中国汶川特大地震灾害，我们各国人民肩并着肩、手挽着手，形成了强大合力。

我们应该摒弃冷战思维，积极倡导综合安全、共同安全、合作安全的新理念，共同维护本地区和平稳定。我们应该深化在防灾救灾、网络安全、打击跨国犯罪、联合执法等方面的合作，为本地区人民营造更加和平、更加安宁、更加温馨的地区家园。

中国愿同东盟国家进一步完善中国-东盟防长会议机制，就地区安全问题定期举行对话。

对中国和一些东南亚国家在领土主权和海洋权益方面存在的分歧和争议，双方要始终坚持以和平方式，通过平等对话和友好协商妥善处理，维护双方关系和地区稳定大局。

第四，坚持心心相印。“合抱之木，生于毫末；九层之台，起于累土”。保持中国-东盟友谊之树长青，必须夯实双方关系的社会土壤。去年，中国和东盟国家人员往来达1500万人次，每周有1000多个航班往返于中国和东盟国家之间。交往多了，感情深了，心与心才能贴得更近。

我们要促进青年、智库、议会、非政府组织、社会团体等的友好交流，为中国-东盟关系发展提供更多智力支撑，增进人民了解和友谊。中国愿向东盟派出更多志愿者，支持东盟国家文化、教育、卫生、医疗等领域事业发展。中国倡议将2014年确定为中国-东盟文化交流年。今后3到5年，中国将向东盟国家提供1. 5万个政府奖学金名额。

第五，坚持开放包容。"海纳百川，有容乃大。"在漫长历史进程中，中国和东盟国家人民创造了丰富多彩、享誉世界的辉煌文明。这里是充满多样性的区域，各种文明在相互影响中融合演进，为中国和东盟国家人民相互学习、相互借鉴、相互促进提供了重要文化基础。

我们要积极借鉴其他地区发展经验，欢迎域外国家为本地区发展稳定发挥建设性作用。同时，域外国家也应该尊重本地区的多样性，多做有利于本地区发展稳定的事情。中国-东盟命运共同体和东盟共同体、东亚共同体息息相关，应发挥各自优势，实现多元共生、包容共进，共同造福于本地区人民和世界各国人民。

一个更加紧密的中国-东盟命运共同体，符合求和平、谋发展、促合作、图共赢的时代潮流，符合亚洲和世界各国人民共同利益，具有广阔发展空间和巨大发展潜力。

女士们、先生们、朋友们！

新中国成立60多年来特别是改革开放30多年来，中国走出了一条成功的发展道路，取得了举世瞩目的发展成就。中国对未来发展作出了战略部署，明确了奋斗目标，即到2020年实现国内生产总值和城乡居民人均收入比2010年翻一番，全面建成小康社会；到本世纪中叶建成富强民主文明和谐的社会主义现代化国家，实现中华民族伟大复兴。这是中华民族和中国人民的百年夙愿，也是中国为人类作出更大贡献的必要条件。

"功崇惟志，业广惟勤。"我们有信心、有条件、有能力实现我们的奋斗目标。同时，我们也清醒地认识到，中国仍是世界上最大的发展中国家，我们在前进道路上仍然面临不少困难和挑战，要使全体中国人民都过上美好生活，需要付出长期不懈的努力。我们将坚持改革开放不动摇，坚持走中国特色社会主义道路，集中精力把自己的事情办好，不断推进现代化建设，不断提高人民生活水平。

中国的发展离不开世界，世界的发展也需要中国。中国将坚定不移走和平发展道路，坚定不移奉行独立自主的和平外交政策，坚定不移奉行互利共赢的开放战略。中国的发展，是世界和平力量的壮大，是传递友谊的正能量，为亚洲和世界带来的是发展机遇而不是威胁。中国愿继续同东盟、同亚洲、同世界分享经济社会发展的机遇。

女士们、先生们、朋友们！

当前，中国人民正致力于实现中华民族伟大复兴的中国梦，印尼人民也在积极推进经济发展总体规划、谋求民族崛起。为实现我们各自的梦想，双方更需要相互理解、相互支持、携手合作，更需要两国有识之士参与其中，脚踏实地去耕耘、去努力。

说到这里，我想起了苏西洛总统创作的一首歌，名字叫《宁静》。那是2006年10月，苏西洛总统来到中国广西出席中国-东盟建立对话关系15周年纪念峰会。会议间隙，他在漓江上产生了创作灵感，提笔写下了一首优美的歌词："快乐的日子，在生命中不断循环，我与伙伴，共同度过那美好时光。"苏西洛总统在中国的山水之间触景生情，想起自己的童年、自己的家乡，说明我们两国人民是心相通、情相近的。

国之交在于民相亲。正是有了这样一个个友好使者，架起了一座座友谊桥梁，打开了一扇扇心灵之窗，我们两国人民友谊才得以穿过历史长河、跨越浩瀚大海，历久弥坚，历久弥新。

青年最富有朝气、最富有梦想，青年兴则国家兴，青年强则国家强。青年代表着两国交往的未来和希望。我和苏西洛总统一致同意，两国将扩大并深化人文交流，今后5年，双方将每年互派100名青年访问对方国家，中国将向印尼提供1000个奖学金名额。

我相信，随着越来越多的青年人投身到中国和印尼友好的大潮当中，两国友好交往事业一定会薪火相传、兴旺发达。

女士们、先生们、朋友们！

中国和印尼两国有16亿人口，只要我们两国人民手拉手、心连心，就将汇聚起世界四分之一人口的巨大力量，就可以创造人类发展史上新的奇迹。中国人民和印尼人民要携手努力，共同谱写两国关系发展的崭新篇章，开创中国-东盟命运共同体的美好未来，共同为世界和平与发展的崇高事业作出更大贡献。

德里马嘎西！（谢谢！）

三、推动共建丝绸之路经济带和21世纪海上丝绸之路的愿景与行动

推动共建丝绸之路经济带和21世纪海上丝绸之路的愿景与行动

国家发展改革委 外交部 商务部

（经国务院授权发布）

2015年3月

目 录

前 言

2000多年前，亚欧大陆上勤劳勇敢的人民，探索出多条连接亚欧非几大文明的贸易和人文交流通路，后人将其统称为“丝绸之路”。千百年来，“和平合作、开放包容、互学互鉴、互利共赢”的丝绸之路精神薪火相传，推进了人类文明进步，是促进沿线各国繁荣发展的重要纽带，是东西方交流合作的象征，是世界各国共有的历史文化遗产。

进入21世纪，在以和平、发展、合作、共赢为主题的新时代，面对复苏乏力的全球经济形势，纷繁复杂的国际和地区局面，传承和弘扬丝绸之路精神更显重要和珍贵。

2013年9月和10月，中国国家主席习近平在出访中亚和东南亚国家期间，先后提出共建“丝绸之路经济带”和“21世纪海上丝绸之路”（以下简称“一带一路”）的重大倡议，得到国际社会高度关注。中国国务院总理李克强参加2013年中国-东盟博览会时强调，铺就面向东盟的海上丝绸之路，打造带动腹地发展的战略支点。加快“一带一路”建设，有利于促进沿线各国经济繁荣与区域经济合作，加强不同文明交流互鉴，促进世界和平发展，是一项造福世界各国人民的伟大事业。

“一带一路”建设是一项系统工程，要坚持共商、共建、共享原则，积极推进沿线国家发展战略的相互对接。为推进实施“一带一路”重大倡议，让古丝绸之路焕发新的生机活力，以新的形式使亚欧非各国联系更加紧密，互利合作迈向新的历史高度，中国政府特制定并发布《推动共建丝绸之路经济带和21世纪海上丝绸之路的愿景与行动》。

一、时代背景

当今世界正发生复杂深刻的变化，国际金融危机深层次影响继续显现，世界经济缓慢复苏、发展分化，国际投资贸易格局和多边投资贸易规则酝酿深刻调整，各国面临的发展问题依然严峻。共建“一带一路”顺应世界多极化、经济全球化、文化多样化、社会信息化的潮流，秉持开放的区域合作精神，致力于维护全球自由贸易体系和开放型世界经济。共建“一带一路”旨在促进经济要素有序自由流动、资源高效配置和市场深度融合，推动沿线各国实现经济政策协调，开展更大范围、更高水平、更深层次的区域合作，共同打造开放、包容、均衡、普惠的区域经济合作架构。共建“一带一路”符合国际社会的根本利益，彰显人类社会共同理想和美好追求，是国际合作以及全球治理新模式的积极探索，将为世界和平发展增添新的正能量。

共建“一带一路”致力于亚欧非大陆及附近海洋的互联互通，建立和加强沿线各国互联互通伙伴关系，构建全方位、多层次、复合型的互联互通网络，实现沿线各国多元、自主、平衡、可持续的发展。“一带一路”的互联互通项目将推动沿线各国发展战略的对接与耦合，发掘区域内市场的潜力，促进投资和消费，创造需求和就业，增进沿线各国人民的人文交流与文明互鉴，让各国人民相逢相知、互信互敬，共享和谐、安宁、富裕的生活。

当前，中国经济和世界经济高度关联。中国将一以贯之地坚持对外开放的基本国策，构建全方位开放新格局，深度融入世界经济体系。推进“一带一路”建设既是中国扩大和深化对外开放的需要，也是加强和亚欧非及世界各国互利合作的需要，中国愿意在力所能及的范围内承担更多责任义务，为人类和平发展作出更大的贡献。

二、共建原则

恪守联合国宪章的宗旨和原则。遵守和平共处五项原则，即尊重各国主权和领土完整、互不侵犯、互不干涉内政、和平共处、平等互利。

坚持开放合作。“一带一路”相关的国家基于但不限于古代丝绸之路的范围，各国和国际、地区组织均可参与，让共建成果惠及更广泛的区域。

坚持和谐包容。倡导文明宽容，尊重各国发展道路和模式的选择，加强不同文明之间的对话，求同存异、兼容并蓄、和平共处、共生共荣。

坚持市场运作。遵循市场规律和国际通行规则，充分发挥市场在资源配置中的决定性作用和各类企业的主体作用，同时发挥好政府的作用。

坚持互利共赢。兼顾各方利益和关切，寻求利益契合点和合作最大公约数，体现各方智慧和创意，各施所长，各尽所能，把各方优势和潜力充分发挥出来。

三、框架思路

“一带一路”是促进共同发展、实现共同繁荣的合作共赢之路，是增进理解信任、加强全方位交流的和平友谊之路。中国政府倡议，秉持和平合作、开放包容、互学互鉴、互利共赢的理念，全方位推进务实合作，打造政治互信、经济融合、文化包容的利益共同体、命运共同体和责任共同体。

“一带一路”贯穿亚欧非大陆，一头是活跃的东亚经济圈，一头是发达的欧洲经济圈，中间广大腹地国家经济发展潜力巨大。丝绸之路经济带重点畅通中国经中亚、俄罗斯至欧洲（波罗的海）；中国经中亚、西亚至波斯湾、地中海；中国至东南亚、南亚、印度洋。21 世纪海上丝绸之路重点方向是从中国沿海港口过南海到印度洋，延伸至欧洲；从中国沿海港口过南海到南太平洋。

根据“一带一路”走向，陆上依托国际大通道，以沿线中心城市为支撑，以重点经贸产业园区为合作平台，共同打造新亚欧大陆桥、中蒙俄、中国-中亚-西亚、中国-中南半岛等国际经济合作走廊；海上以重点港口为节点，共同建设通畅安全高效的运输大通道。中巴、孟中印缅两个经济走廊与推进“一带一路”建设关联紧密，要进一步推动合作，取得更大进展。

“一带一路”建设是沿线各国开放合作的宏大经济愿景，需各国携手努力，朝着互利互惠、共同安全的目标相向而行。努力实现区域基础设施更加完善，安全高效的陆海空通道网络基本形成，互联互通达到新水平；投资贸易便利化水平进一步提升，高标准自由贸易区网络基本形成，经济联系更加紧密，政治互信更加深入；人文交流更加广泛深入，不同文明互鉴共荣，各国人民相知相交、和平友好。

四、合作重点

沿线各国资源禀赋各异，经济互补性较强，彼此合作潜力和空间很大。以政策沟通、设施联通、贸易畅通、资金融通、民心相通为主要内容，重点在以下方面加强合作。

政策沟通。加强政策沟通是“一带一路”建设的重要保障。加强政府间合作，积极构建多层次政府间宏观政策沟通交流机制，深化利益融合，促进政治互信，达成合作新共识。沿线各国可以就经济发展战略和对策进行充分交流对接，共同制定推进区域合作的规划和措施，协商解决合作中的问题，共同为务实合作及大型项目实施提供政策支持。

设施联通。基础设施互联互通是“一带一路”建设的优先领域。在尊重相关国家主权和安全关切的基础上，沿线国家宜加强基础设施建设规划、技术标准体系的对接，共同推进国际骨干通道建设，逐步形成连接亚洲各次区域以及亚欧非之间的基础设施网络。强化基础设施绿色低碳化建设和运营管理，在建设中充分考虑气候变化影响。

抓住交通基础设施的关键通道、关键节点和重点工程，优先打通缺失路段，畅通瓶颈路段，配套完善道路安全防护设施和交通管理设施设备，提升道路通达水平。推进建立统一的全程运输协调机制，促进国际通关、换装、多式联运有机衔接，逐步形成兼容规范的运输规则，实现国际运输便利化。推动口岸基础设施建设，畅通陆水联运通道，推进港口合作建设，增加海上航线和班次，加强海上物流信息化合作。拓展建立民航全面合作的平台和机制，加快提升航空基础设施水平。

加强能源基础设施互联互通合作，共同维护输油、输气管道等运输通道安全，推进跨境电力与输电通道建设，积极开展区域电网升级改造合作。

共同推进跨境光缆等通信干线网络建设，提高国际通信互联互通水平，畅通信息丝绸之路。加快推进双边跨境光缆等建设，规划建设洲际海底光缆项目，完善空中（卫星）信息通道，扩大信息交流与合作。

贸易畅通。投资贸易合作是“一带一路”建设的重点内容。宜着力研究解决投资贸易便利化问题，消除投资和贸易壁垒，构建区域内和各国良好的营商环境，积极同沿线国家和地区共同商建自由贸易区，激发释放合作潜力，做大做好合作“蛋糕”。

沿线国家宜加强信息互换、监管互认、执法互助的海关合作，以及检验检疫、认证认可、标准计量、统计信息等方面的双多边合作，推动世界贸易组织《贸易便利化协定》生效和实施。改善边境口岸通关设施条件，加快边境口岸“单一窗口”建设，降低通关成本，提升通关能力。加强供应链安全与便利化合作，推进跨境监管程序协调，推动检验检疫证书国际互联网核查，开展“经认证的经营者”（AEO）互认。降低非关税壁垒，共同提高技术性贸易措施透明度，提高贸易自由化便利化水平。

拓宽贸易领域，优化贸易结构，挖掘贸易新增长点，促进贸易平衡。创新贸易方式，发展跨境电子商务等新的商业业态。建立健全服务贸易促进体系，巩固和扩大传统贸易，大力发展现代服务贸易。把投资和贸易有机结合起来，以投资带动贸易发展。

加快投资便利化进程，消除投资壁垒。加强双边投资保护协定、避免双重征税协定磋商，保护投资者的合法权益。

拓展相互投资领域，开展农林牧渔业、农机及农产品生产加工等领域深度合作，积极推进海水养殖、远洋渔业、水产品加工、海水淡化、海洋生物制药、海洋工程技术、环保产业和海上旅游等领域合作。加大煤炭、油气、金属矿产等传统能源资源勘探开发合作，积极推动水电、核电、风电、太阳能等清洁、可再生能源合作，推进能源资源就地就近加工转化合作，形成能源资源合作上下游一体化产业链。加强能源资源深加工技术、装备与工程服务合作。

推动新兴产业合作，按照优势互补、互利共赢的原则，促进沿线国家加强在新一代信息技术、生物、新能源、新材料等新兴产业领域的深入合作，推动建立创业投资合作机制。

优化产业链分工布局，推动上下游产业链和关联产业协同发展，鼓励建立研发、生产和营销体系，提升区域产业配套能力和综合竞争力。扩大服务业相互开放，推动区域服务业加快发展。探索投资合作新模式，鼓励合作建设境外经贸合作区、跨境经济合作区等各类产业园区，促进产业集群发展。在投资贸易中突出生态文明理念，加强生态环境、生物多样性和应对气候变化合作，共建绿色丝绸之路。

中国欢迎各国企业来华投资。鼓励本国企业参与沿线国家基础设施建设和产业投资。促进企业按属地化原则经营管理，积极帮助当地发展经济、增加就业、改善民生，主动承担社会责任，严格保护生物多样性和生态环境。

资金融通。资金融通是“一带一路”建设的重要支撑。深化金融合作，推进亚洲货币稳定体系、投融资体系和信用体系建设。扩大沿线国家双边本币互换、结算的范围和规模。推动亚洲债券市场的开放和发展。共同推进亚洲基础设施投资银行、金砖国家开发银行筹建，有关各方就建立上海合作组织融资机构开展磋商。加快丝路基金组建运营。深化中国-东盟银行联合体、上合组织银行联合体务实合作，以银团贷款、银行授信等方式开展多边金融合作。支持沿线国家政府和信用等级较高的企业以及金融机构在中国境内发行人民币债券。符合条件的中国境内金融机构和企业可以在境外发行人民币债券和外币债券，鼓励在沿线国家使用所筹资金。

加强金融监管合作，推动签署双边监管合作谅解备忘录，逐步在区域内建立高效监管协调机制。完善风险应对和危机处置制度安排，构建区域性金融风险预警系统，形成应对跨境风险和危机处置的交流合作机制。加强征信管理部门、征信机构和评级机构之间的跨境交流与合作。充分发挥丝路基金以及各国主权基金作用，引导商业性股权投资基金和社会资金共同参与“一带一路”重点项目建设。

民心相通。民心相通是“一带一路”建设的社会根基。传承和弘扬丝绸之路友好合作精神，广泛开展文化交流、学术往来、人才交流合作、媒体合作、青年和妇女交往、志愿者服务等，为深化双多边合作奠定坚实的民意基础。

扩大相互间留学生规模，开展合作办学，中国每年向沿线国家提供1万个政府奖学金名额。沿线国家间互办文化年、艺术节、电影节、电视周和图书展等活动，合作开展广播影视剧精品创作及翻译，联合申请世界文化遗产，共同开展世界遗产的联合保护工作。深化沿线国家间人才交流合作。

加强旅游合作，扩大旅游规模，互办旅游推广周、宣传月等活动，联合打造具有丝绸之路特色的国际精品旅游线路和旅游产品，提高沿线各国游客签证便利化水平。推动21世纪海上丝绸之路邮轮旅游合作。积极开展体育交流活动，支持沿线国家申办重大国际体育赛事。

强化与周边国家在传染病疫情信息沟通、防治技术交流、专业人才培养等方面的合作，提高合作处理突发公共卫生事件的能力。为有关国家提供医疗援助和应急医疗救助，在妇幼健康、残疾人康复以及艾滋病、结核、疟疾等主要传染病领域开展务实合作，扩大在传统医药领域的合作。

加强科技合作，共建联合实验室（研究中心）、国际技术转移中心、海上合作中心，促进科技人员交流，合作开展重大科技攻关，共同提升科技创新能力。

整合现有资源，积极开拓和推进与沿线国家在青年就业、创业培训、职业技能开发、社会保障管理服务、公共行政管理等共同关心领域的务实合作。

充分发挥政党、议会交往的桥梁作用，加强沿线国家之间立法机构、主要党派和政治组织的友好往来。开展城市交流合作，欢迎沿线国家重要城市之间互结友好城市，以人文交流为重点，突出务实合作，形成更多鲜活的合作范例。欢迎沿线国家智库之间开展联合研究、合作举办论坛等。

加强沿线国家民间组织的交流合作，重点面向基层民众，广泛开展教育医疗、减贫开发、生物多样性和生态环保等各类公益慈善活动，促进沿线贫困地区生产生活条件改善。加强文化传媒的国际交流合作，积极利用网络平台，运用新媒体工具，塑造和谐友好的文化生态和舆论环境。

五、合作机制

当前，世界经济融合加速发展，区域合作方兴未艾。积极利用现有双多边合作机制，推动“一带一路”建设，促进区域合作蓬勃发展。

加强双边合作，开展多层次、多渠道沟通磋商，推动双边关系全面发展。推动签署合作备忘录或合作规划，建设一批双边合作示范。建立完善双边联合工作机制，研究推进“一带一路”建设的实施方案、行动路线图。充分发挥现有联委会、混委会、协委会、指导委员会、管理委员会等双边机制作用，协调推动合作项目实施。

强化多边合作机制作用，发挥上海合作组织（SCO）、中国-东盟“10+1”、亚太经合组织（APEC）、亚欧会议（ASEM）、亚洲合作对话（ACD）、亚信会议（CICA）、中阿合作论坛、中国-海合会战略对话、大湄公河次区域（GMS）经济合作、中亚区域经济合作（CAREC）等现有多边合作机制作用，相关国家加强沟通，让更多国家和地区参与“一带一路”建设。

继续发挥沿线各国区域、次区域相关国际论坛、展会以及博鳌亚洲论坛、中国-东盟博览会、中国-亚欧博览会、欧亚经济论坛、中国国际投资贸易洽谈会，以及中国-南亚博览会、中国-阿拉伯博览会、中国西部国际博览会、中国-俄罗斯博览会、前海合作论坛等平台的建设性作用。支持沿线国家地方、民间挖掘“一带一路”历史文化遗产，联合举办专项投资、贸易、文化交流活动，办好丝绸之路（敦煌）国际文化博览会、丝绸之路国际电影节和图书展。倡议建立“一带一路”国际高峰论坛。

六、中国各地方开放态势

推进“一带一路”建设，中国将充分发挥国内各地区比较优势，实行更加积极主动的开放战略，加强东中西互动合作，全面提升开放型经济水平。

西北、东北地区。发挥新疆独特的区位优势和向西开放重要窗口作用，深化与中亚、南亚、西亚等国家交流合作，形成丝绸之路经济带上重要的交通枢纽、商贸物流和文化科教中心，打造丝绸之路经济带核心区。发挥陕西、甘肃综合经济文化和宁夏、青海民族人文优势，打造西安内陆型改革开放新高地，加快兰州、西宁开发开放，推进宁夏内陆开放型经济试验区建设，形成面向中亚、南亚、西亚国家的通道、商贸物流枢纽、重要产业和人文交流基地。发挥内蒙古联通俄蒙的区位优势，完善黑龙江对俄铁路通道和区域铁路网，以及黑龙江、吉林、辽宁与俄远东地区陆海联运合作，推进构建北京-莫斯科欧亚高速运输走廊，建设向北开放的重要窗口。

西南地区。发挥广西与东盟国家陆海相邻的独特优势，加快北部湾经济区和珠江-西江经济带开放发展，构建面向东盟区域的国际通道，打造西南、中南地区开放发展新的战略支点，形成21世纪海上丝绸之路与丝绸之路经济带有机衔接的重要门户。发挥云南区位优势，推进与周边国家的国际运输通道建设，打造大湄公河次区域经济合作新高地，建设成为面向南亚、东南亚的辐射中心。推进西藏与尼泊尔等国家边境贸易和旅游文化合作。

沿海和港澳台地区。利用长三角、珠三角、海峡西岸、环渤海等经济区开放程度高、经济实力强、辐射带动作用大的优势，加快推进中国（上海）自由贸易试验区建设，支持福建建设21世纪海上丝绸之路核心区。充分发挥深圳前海、广州南沙、珠海横琴、福建平潭等开放合作区作用，深化与港澳台合作，打造粤港澳大湾区。推进浙江海洋经济发展示范区、福建海峡蓝色经济试验区和舟山群岛新区建设，加大海南国际旅游岛开发开放力度。加强上海、天津、宁波-舟山、广州、深圳、湛江、汕头、青岛、烟台、大连、福州、厦门、泉州、海口、三亚等沿海城市港口建设，强化上海、广州等国际枢纽机场功能。以扩大开放倒逼深层次改革，创新开放型经济体制机制，加大科技创新力度，形成参与和引领国际合作竞争新优势，成为“一带一路”特别是21世纪海上丝绸之路建设的排头兵和主力军。发挥海外侨胞以及香港、澳门特别行政区独特优势作用，积极参与和助力“一带一路”建设。为台湾地区参与“一带一路”建设作出妥善安排。

内陆地区。利用内陆纵深广阔、人力资源丰富、产业基础较好优势，依托长江中游城市群、成渝城市群、中原城市群、呼包鄂榆城市群、哈长城市群等重点区域，推动区域互动合作和产业集聚发展，打造重庆西部开发开放重要支撑和成都、郑州、武汉、长沙、南昌、合肥等内陆开放型经济高地。加快推动长江中上游地区和俄罗斯伏尔加河沿岸联邦区的合作。建立中欧通道铁路运输、口岸通关协调机制，打造"中欧班列"品牌，建设沟通境内外、连接东中西的运输通道。支持郑州、西安等内陆城市建设航空港、国际陆港，加强内陆口岸与沿海、沿边口岸通关合作，开展跨境贸易电子商务服务试点。优化海关特殊监管区域布局，创新加工贸易模式，深化与沿线国家的产业合作。

七、中国积极行动

一年多来，中国政府积极推动"一带一路"建设，加强与沿线国家的沟通磋商，推动与沿线国家的务实合作，实施了一系列政策措施，努力收获早期成果。

高层引领推动。习近平主席、李克强总理等国家领导人先后出访 20 多个国家，出席加强互联互通伙伴关系对话会、中阿合作论坛第六届部长级会议，就双边关系和地区发展问题，多次与有关国家元首和政府首脑进行会晤，深入阐释"一带一路"的深刻内涵和积极意义，就共建"一带一路"达成广泛共识。

签署合作框架。与部分国家签署了共建"一带一路"合作备忘录，与一些毗邻国家签署了地区合作和边境合作的备忘录以及经贸合作中长期发展规划。研究编制与一些毗邻国家的地区合作规划纲要。

推动项目建设。加强与沿线有关国家的沟通磋商，在基础设施互联互通、产业投资、资源开发、经贸合作、金融合作、人文交流、生态保护、海上合作等领域，推进了一批条件成熟的重点合作项目。

完善政策措施。中国政府统筹国内各种资源，强化政策支持。推动亚洲基础设施投资银行筹建，发起设立丝路基金，强化中国-欧亚经济合作基金投资功能。推动银行卡清算机构开展跨境清算业务和支付机构开展跨境支付业务。积极推进投资贸易便利化，推进区域通关一体化改革。

发挥平台作用。各地成功举办了一系列以"一带一路"为主题的国际峰会、论坛、研讨会、博览会，对增进理解、凝聚共识、深化合作发挥了重要作用。

八、共创美好未来

共建“一带一路”是中国的倡议，也是中国与沿线国家的共同愿望。站在新的起点上，中国愿与沿线国家一道，以共建“一带一路”为契机，平等协商，兼顾各方利益，反映各方诉求，携手推动更大范围、更高水平、更深层次的大开放、大交流、大融合。“一带一路”建设是开放的、包容的，欢迎世界各国和国际、地区组织积极参与。

共建“一带一路”的途径是以目标协调、政策沟通为主，不刻意追求一致性，可高度灵活，富有弹性，是多元开放的合作进程。中国愿与沿线国家一道，不断充实完善“一带一路”的合作内容和方式，共同制定时间表、路线图，积极对接沿线国家发展和区域合作规划。

中国愿与沿线国家一道，在既有双多边和区域次区域合作机制框架下，通过合作研究、论坛展会、人员培训、交流访问等多种形式，促进沿线国家对共建“一带一路”内涵、目标、任务等方面的进一步理解和认同。

中国愿与沿线国家一道，稳步推进示范项目建设，共同确定一批能够照顾双多边利益的项目，对各方认可、条件成熟的项目抓紧启动实施，争取早日开花结果。

“一带一路”是一条互尊互信之路，一条合作共赢之路，一条文明互鉴之路。只要沿线各国和衷共济、相向而行，就一定能够谱写建设丝绸之路经济带和21世纪海上丝绸之路的新篇章，让沿线各国人民共享“一带一路”共建成果。

四、“一带一路”国际合作高峰论坛圆桌峰会联合公报

“一带一路”国际合作高峰论坛圆桌峰会联合公报

1. 我们，中华人民共和国主席习近平、阿根廷总统马克里、白俄罗斯总统卢卡申科、智利总统巴切莱特、捷克总统泽曼、印度尼西亚总统佐科、哈萨克斯坦总统纳扎尔巴耶夫、肯尼亚总统肯雅塔、吉尔吉斯斯坦总统阿坦巴耶夫、老挝国家主席本扬、菲律宾总统杜特尔特、俄罗斯总统普京、瑞士联邦主席洛伊特哈德、土耳其总统埃尔多安、乌兹别克斯坦总统米尔济约耶夫、越南国家主席陈大光、柬埔寨首相洪森、埃塞俄比亚总理海尔马里亚姆、斐济总理姆拜尼马拉马、希腊总理齐普拉斯、匈牙利总理欧尔班、意大利总理真蒂洛尼、马来西亚总理纳吉布、蒙古国总理额尔登巴特、缅甸国务资政昂山素季、巴基斯坦总理谢里夫、波兰总理希德沃、塞尔维亚总理、当选总统武契奇、西班牙首相拉霍伊、斯里兰卡总理维克勒马辛哈于 2017 年 5 月 15 日出席在北京举行的“一带一路”国际合作高峰论坛圆桌峰会。我们也欢迎联合国秘书长古特雷斯、世界银行行长金墉、国际货币基金组织总裁拉加德出席。会议由中华人民共和国主席习近平主持。

时代背景

2. 当前，世界经济深度调整，机遇与挑战并存。这是一个充满机遇的时代，各国都在追求和平、发展与合作。联合国 2030 年可持续发展议程为国际发展合作描绘了新蓝图。

3. 在此背景下，我们欢迎各国积极开展双边、三方、区域和多边合作，消除贫困，创造就业，应对国际金融危机影响，促进可持续发展，推进市场化产业转型，实现经济多元化发展。我们高兴地注意到，各国发展战略和互联互通合作倡议层出不穷，为加强国际

合作提供了广阔空间。

4. 我们进一步认识到，世界经济面临诸多挑战，虽在缓慢复苏，但下行风险犹存。全球贸易和投资增长依然低迷，以规则为基础的多边贸易体制有待加强。各国特别是发展中国家仍然面临消除贫困、促进包容持续经济增长、实现可持续发展等共同挑战。

5. 我们注意到，“丝绸之路经济带”和“21 世纪海上丝绸之路”（“一带一路”倡议）能够在挑战和变革中创造机遇，我们欢迎并支持“一带一路”倡议。该倡议加强亚欧互联互通，同时对非洲、拉美等其他地区开放。“一带一路”作为一项重要的国际倡议，为各国深化合作提供了重要机遇，取得了积极成果，未来将为各方带来更多福祉。

6. 我们强调，国际、地区和国别合作框架和倡议之间沟通协调能够为推进互联互通和可持续发展带来合作机遇。这些框架和倡议包括：2030 年可持续发展议程、亚的斯亚贝巴行动议程、非洲 2063 年议程、文明古国论坛、亚太经合组织互联互通蓝图、东盟共同体愿景 2025、亚欧会议及其互联互通工作组、商旅驿站关税倡议、中国和中东欧国家合作、中欧海陆快线、中间走廊倡议、中国-欧盟互联互通平台、欧盟东部伙伴关系、以平等、开放、透明为原则的欧亚伙伴关系、南美洲区域基础设施一体化倡议、东盟互联互通总体规划 2025、欧亚经济联盟 2030 年经济发展基本方向、气候变化巴黎协定、跨欧洲交通运输网、西巴尔干六国互联互通议程、世界贸易组织贸易便利化协议等。

7. 我们重申，在“一带一路”倡议等框架下，共同致力于建设开放型经济、确保自由包容性贸易、反对一切形式的保护主义。我们将努力促进以世界贸易组织为核心、普遍、以规则为基础、开放、非歧视、公平的多边贸易体制。

合作目标

8. 我们主张加强“一带一路”倡议和各种发展战略的国际合作，建立更紧密合作伙伴关系，推动南北合作、南南合作和三方合作。

9. 我们重申，在公平竞争和尊重市场规律与国际准则基础上，大力促进经济增长、扩大贸易和投资。我们欢迎推进产业合作、科技创新和区域经济一体化，推动中小微企业深入融入全球价值链。同时发挥税收和财政政策作用，将增长和生产性投资作为优先方向。

10. 我们主张加强各国基础设施联通、规制衔接和人员往来。需要特别关注最不发达国家、内陆发展中国家、小岛屿发展中国家和中等收入国家，突破发展瓶颈，实现有效互联互通。

11. 我们致力于扩大人文交流，维护和平正义，加强社会凝聚力和包容性，促进民主、良政、法治、人权，推动性别平等和妇女赋权；共同打击一切形式的腐败和贿赂；更好应对儿童、残疾人、老年人等弱势群体诉求；完善全球经济治理，确保所有人公平享有发展机遇和成果。

12. 我们决心阻止地球的退化，包括在气候变化问题上立即采取行动，鼓励《巴黎协定》所有批约方全面落实协定；以平等、可持续的方式管理自然资源，保护并可持续利用海洋、淡水、森林、山地、旱地；保护生物多样性、生态系统和野生生物，防治荒漠化和土地退化等，实现经济、社会、环境三大领域综合、平衡、可持续发展。

13. 我们鼓励政府、国际和地区组织、私营部门、民间社会和广大民众共同参与，建立巩固友好关系，增进相互理解与信任。

合作原则

14. 我们将秉持和平合作、开放包容、互学互鉴、互利共赢、平等透明、相互尊重的精神，在共商、共建、共享的基础上，本着法治、机会均等原则加强合作。为此，我们根据各自国内法律和政策，强调以下合作原则：

（1）平等协商。恪守《联合国宪章》宗旨和原则，尊重各国主权和领土完整等国际法基本准则；协商制定合作规划，推进合作项目。

（2）互利共赢。寻求利益契合点和合作最大公约数，兼顾各方立场。

（3）和谐包容。尊重自然和文化的多样性，相信所有文化和文明都能够为可持续发展作贡献。

（4）市场运作。充分认识市场作用和企业主体地位，确保政府发挥适当作用，政府采购程序应开放、透明、非歧视。

（5）平衡和可持续。强调项目的经济、社会、财政、金融和环境可持续性，促进环境高标准，同时统筹好经济增长、社会进步和环境保护之间的关系。

合作举措

15. 我们重申需要重点推动政策沟通、设施联通、贸易畅通、资金融通、民心相通，强调根据各国法律法规和相关国际义务，采取以下切实行动：

（1）加强对话协商，促进各国发展战略对接，注意到“一带一路”倡议与第六段所列发展计划和倡议协调发展，促进欧洲、亚洲、南美洲、非洲等地区之间伙伴关系的努力。

（2）就宏观经济问题进行深入磋商，完善现有多双边合作对话机制，为务实合作和大型项目提供有力政策支持。

（3）加强创新合作，支持电子商务、数字经济、智慧城市、科技园区等领域的创新行动计划，鼓励在尊重知识产权的同时，加强互联网时代创新创业模式交流。

（4）推动在公路、铁路、港口、海上和内河运输、航空、能源管道、电力、海底电缆、光纤、电信、信息通信技术等领域务实合作，欢迎新亚欧大陆桥、北方海航道、中间走廊等多模式综合走廊和国际骨干通道建设，逐步构建国际性基础设施网络。

（5）通过借鉴相关国际标准、必要时统一规则体制和技术标准等手段，实现基础设施规划和建设协同效应最大化；为私人资本投资基础设施建设培育有利、可预测的环境；在有利于增加就业、提高效率的领域促进公私伙伴关系；欢迎国际金融机构加强对基础设施建设的支持和投入。

（6）深化经贸合作，维护多边贸易体制的权威和效力；共同推动世界贸易组织第 11 次部长级会议取得积极成果；推动贸易投资自由化和便利化；让普通民众从贸易中获益。

（7）通过培育新的贸易增长点、促进贸易平衡、推动电子商务和数字经济等方式扩大贸易，欢迎有兴趣的国家开展自贸区建设并商签自贸协定。

（8）推动全球价值链发展和供应链联接，同时确保安全生产，加强社会保障体系；增加双向投资，加强新兴产业、贸易、工业园区、跨境经济园区等领域合作。

（9）加强环境、生物多样性、自然资源保护、应对气候变化、抗灾、减灾、提高灾害风险管理能力、促进可再生能源和能效等领域合作。

（10）加强通关手续等方面信息交流，推动监管互认、执法互助、信息共享；加强海关合作，通过统一手续、降低成本等方式促进贸易便利化，同时促进保护知识产权合作。

（11）合作构建长期、稳定、可持续的融资体系；加强金融设施互联互通，创新投融资模式和平台，提高金融服务水平；探寻更好服务本地金融市场的机会；鼓励开发性金融机构发挥积极作用，加强与多边开发机构的合作。

（12）为构建稳定、公平的国际金融体系作贡献；通过推动支付体系合作和普惠金融等途径，促进金融市场相互开放和互联互通；鼓励金融机构在有关国家和地区设立分支机构；推动签署双边本币结算和合作协议，发展本币债券和股票市场；鼓励通过对话加强金融合作，规避金融风险。

（13）加强人文交流和民间纽带，深化教育、科技、体育、卫生、智库、媒体以及包括实习培训在内的能力建设等领域务实合作。

（14）鼓励不同文明间对话和文化交流，促进旅游业发展，保护世界文化和自然遗产。

愿景展望

16. 我们携手推进“一带一路”建设和加强互联互通倡议对接的努力，为国际合作提供了新机遇、注入了新动力，有助于推动实现开放、包容和普惠的全球化。

17. 我们重申，促进和平、推动互利合作、尊重《联合国宪章》宗旨原则和国际法，这是我们的共同责任；实现包容和可持续增长与发展、提高人民生活水平，这是我们的共同目标；构建繁荣、和平的人类命运共同体，这是我们的共同愿望。

18. 我们祝贺中国成功举办“一带一路”国际合作高峰论坛。

五、第二届“一带一路”国际合作高峰论坛圆桌峰会联合公报

共建“一带一路”开创美好未来

第二届“一带一路”国际合作高峰论坛圆桌峰会联合公报

2019年4月27日 中国北京

1. 我们，中华人民共和国主席习近平，阿塞拜疆总统阿利耶夫，白俄罗斯总统卢卡申科，文莱苏丹哈桑纳尔，智利总统皮涅拉，塞浦路斯总统阿纳斯塔夏季斯，捷克总统泽曼，吉布提总统盖莱，埃及总统塞西，哈萨克斯坦首任总统纳扎尔巴耶夫，肯尼亚总统肯雅塔，吉尔吉斯斯坦总统热恩别科夫，老挝国家主席本扬，蒙古国总统巴特图勒嘎，莫桑比克总统纽西，尼泊尔总统班达里，菲律宾总统杜特尔特，葡萄牙总统德索萨，俄罗斯总统普京，塞尔维亚总统武契奇，瑞士联邦主席毛雷尔，塔吉克斯坦总统拉赫蒙，乌兹别克斯坦总统米尔济约耶夫，阿联酋副总统兼总理、迪拜酋长穆罕默德，奥地利总理库尔茨，柬埔寨首相洪森，埃塞俄比亚总理阿比，希腊总理齐普拉斯，匈牙利总理欧尔班，意大利总理孔特，马来西亚总理马哈蒂尔，缅甸国务资政昂山素季，巴基斯坦总理伊姆兰·汗，巴布亚新几内亚总理奥尼尔，新加坡总理李显龙，泰国总理巴育，越南总理阮春福，印度尼西亚副总统卡拉于2019年4月27日聚首北京，出席主题为“共建‘一带一路’、开创美好未来”的第二届“一带一路”国际合作高峰论坛领导人圆桌峰会。我们欢迎联合国秘书长古特雷斯、国际货币基金组织总裁拉加德与会。峰会由中华人民共和国主席习近平主持。

2. 我们相聚于世界经济机遇和挑战并存、世界正发生快速而深刻变化的时刻。我们重申加强多边主义对应对全球挑战至关重要。我们相信，构建开放、包容、联动、可持续和以人民为中心的世界

经济，有利于促进共同繁荣。

3. 我们忆及首届“一带一路”国际合作高峰论坛圆桌峰会联合公报及其确定的合作目标、原则和举措，并再次确认对落实联合国2030年可持续发展议程的承诺。我们重申，促进和平、发展与人权，推动合作共赢，尊重《联合国宪章》宗旨原则和国际法，是我们的共同责任；实现世界经济强劲、可持续、平衡和包容增长，提高人民生活质量，是我们的共同目标；打造繁荣与和平世界的共同命运，是我们的共同愿望。

4. 古丝绸之路凝聚了和平合作、开放包容、互学互鉴、互利共赢的平等合作精神，为促进互联互通和世界经济增长作出重要贡献。我们期待通过“一带一路”倡议及其他合作框架与倡议，重振古丝绸之路精神。

5. 作为合作伙伴，我们赞赏“一带一路”合作取得的进展及创造的重要机遇，特别是在发展政策对接、基础设施投资、经济走廊、经贸合作区、产业园区、金融和贸易合作、创新和技术、海上合作、商业联系、人文交流等领域取得的合作成果。这些合作为经济增长开辟了新动力，为各国经济社会发展增加了新潜力，为实现联合国可持续发展目标作出了贡献。

6. 展望未来，我们将高质量共建“一带一路”，通过促进政策沟通、设施联通、贸易畅通、资金融通和民心相通，加强各方互联互通，深化务实合作，增进各国人民福祉。在此方面，我们期待合作伙伴作出更多努力。

——我们将坚持共商共建共享。我们强调法治和为所有人创造公平机会的重要性，将在自愿参与和协商一致的基础上开展政策对接和项目合作，责任共担，成果共享。各国都是平等的合作伙伴，尊重开放、透明、包容和公平营商环境。我们相互尊重彼此主权与领土完整。我们认为，根据国内优先事项和法律自主决定本国发展战略，是各国自身的权利和首要责任。

——我们将坚持开放、绿色、廉洁。我们支持开放型经济以及包容和非歧视的全球市场，欢迎所有感兴趣的国家参与合作。我们重视促进绿色发展，应对环境保护及气候变化的挑战，包括加强在落实《巴黎协定》方面的合作。我们鼓励各方在建设廉洁文化和打击腐败方面作出更多努力。

——我们追求高标准、惠民生、可持续。相关合作将遵守各国法律法规、国际义务和可适用的国际规则标准，并将本着以人民为中心的理念，促进包容性和高质量的经济增长并改善民生。我们致力于在各个层面促进合作的可持续性。

7. 我们始于这样一个信念：互联互通有利于推动增长及经济社会发展、促进商品和服务贸易、带动投资、创造就业机会、增进人文交流，在开放、包容和透明的基础上推动构建全球互联互通伙伴关系将为各方带来机遇。今天，我们决心通过包括“一带一路”倡议及其他合作战略在内的这种伙伴关系，在次区域、区域和全球层面加强国际合作，开创共同繁荣的美好未来。我们支持以世界贸易组织为核心、普遍、以规则为基础、开放、透明、非歧视的多边贸易体制。

加强发展政策对接

8. 为促进共同发展，我们欢迎各方采取稳健的宏观经济政策，鼓励就落实可持续发展议程开展相关讨论。我们将在联合国和其他多边机制加强宏观经济政策对话，并在已有进展的基础上促进各方发展规划和互联互通倡议的对接。

9. 鉴此，我们强调有关倡议和合作框架所带来的机遇，包括：三河流域经济合作战略总体规划（2019-2023）、非盟及非洲基础设施发展规划、亚太经合组织互联互通蓝图、阿拉伯国家联盟、东盟及东盟互联互通总体规划 2025、东盟智慧城市网络、东盟“链接互联互通”倡议、亚欧会议互联互通工作组、东盟东部增长区、中亚互联互通倡议、拉美和加勒比国家共同体、迪拜丝绸之路战略、欧盟欧亚互联互通战略、中欧互联互通平台、欧盟东部伙伴关系、欧亚经济联盟、欧亚伙伴关系、中非合作论坛、大湄公河次区域经济合作、全球基础设施互联互通联盟、“全球集团倡议”、澜沧江-湄公河合作、美洲国家组织、太平洋联盟、太平洋岛国论坛、地中海联盟及其他次区域和区域合作倡议。

10. 我们决心促进贸易投资自由化和便利化，期待进一步开放市场，反对保护主义、单边主义和其他不符合世界贸易组织规则的措施。我们强调世贸组织协定中“特殊与差别待遇”的重要性。

11. 我们重视通关便利化，鼓励有关部门在边境清关、海关互助、信息共享、精简海关和过境手续等方面增进合作。我们鼓励有关便利化措施符合世贸组织《贸易便利化协定》，同时辅之以打击非法贸易和欺诈等有效的边境管控措施。

12. 我们呼吁各国在符合各自国内法律和国际承诺的前提下，加强在促进外国直接投资和建立合资企业方面的合作。我们鼓励各方为促进投资和创造新商业机会营造有利和可预测的环境。

13. 我们希望加强税收合作，鼓励达成更多避免双重征税协定，促进增长友好型的税收政策。为此，我们将在现有国际税收合作框架内开展工作。

14. 我们将努力建设包容多元、普遍受益的全球价值链。我们鼓励在保护知识产权的同时，在创新领域加强合作。我们也鼓励各方采用电子运单。

15. 我们支持发展可持续蓝色经济，呼吁进一步加强海上联通和国际海洋合作，包括加强港口和航运业界合作，同时以可持续的方式管理海洋和沿海生态系统。

加强基础设施互联互通

16. 为促进联动增长，我们支持构建全方位、复合型的基础设施互联互通，通过基础设施投资促进经济增长，改善民生。我们支持帮助陆锁国成为陆联国的政策措施，包括在过境安排及基础设施方面促进联通并加强合作。

17. 我们将努力建设高质量、可靠、抗风险、可持续的基础设施。我们强调，高质量基础设施应确保在全周期内切实可行、价格合理、包容可及、广泛受益，有助于参与国可持续发展和发展中国家工业化。我们欢迎发达国家和国际投资者投资发展中国家的互联互通项目。我们重视项目在经济、社会、财政、金融和环境方面的可持续性，同时统筹好经济增长、社会进步和环境保护之间的平衡。

18. 为实现项目可持续性，我们支持各国在项目准备和执行方面加强合作，确保项目可投资、可融资、经济可行及环境友好。我们呼吁"一带一路"合作的所有市场参与方履行企业社会责任，遵守联合国全球契约。

19. 我们认识到交通基础设施是互联互通的基础之一。我们鼓励各国通过发展相互兼容和复合型的交通等措施，开发相互兼容的基础设施，增强各国在空中、陆地和海上的联通。我们认识到开发跨区域交通和物流通道的重要性，包括建设联通中亚和高加索、欧洲、非洲、南亚、东南亚以及太平洋地区的通道以促进交通和交流。

20. 我们支持加强能源基础设施，提高能源安全，让所有人都能享有可负担、可再生、清洁和可持续的能源。

21. 在遵守各国法律、监管制度以及各自国际承诺的前提下，我们期待加强金融市场互联互通，同时重视普惠金融。

推动可持续发展

22. 为促进可持续和低碳发展，我们赞赏推动绿色发展、促进生态可持续性的努力。我们鼓励发展绿色金融，包括发行绿色债券和发展绿色技术。我们也鼓励各方在生态环保政策方面交流良好实践，提高环保水平。

23. 为保护地球免于退化，我们期待建设更具气候韧性的未来，加强在环保、循环经济、清洁能源、能效、综合可持续水资源管理等领域合作，包括根据国际公认的原则和义务对受到气候变化不利影响的国家予以支持，从而在经济、社会和环境三方面以平衡和综合的方式实现可持续发展。我们支持落实联合国关于"水促进可持续发展"国际行动十年（2018-2028）执行情况中期全面审查的决议。

24. 我们鼓励在可持续农业、林业和生态多样性保护方面开展更多合作。我们同意在抗灾减灾和灾害管理领域促进合作。

25. 我们支持在遵守各国法律法规的基础上开展国际反腐败合作，对腐败问题采取零容忍态度。我们呼吁各国根据自身在《联合国反腐败公约》等国际公约和相关双边条约下的义务，加强相关国际合作。我们期待在交流有益经验和开展务实合作方面加强合作。

加强务实合作

26. 为实现共同繁荣，我们应加强务实合作。有关合作应坚持以人民为中心，坚持结果导向和增长导向，遵守市场规则及各国法律，必要时政府可提供相应支持。我们鼓励包括中小微企业在内的各国企业参与合作。我们强调在遵守各国法律法规的基础上，采取开放、透明和非歧视的公共采购程序的重要性，并欢迎交流有益经验。

27. 我们支持各国在已有进展的基础上，继续建设经济走廊、经贸合作区（见附件）和同"一带一路"相关的合作项目，加强价值链、产业链、供应链合作。

28. 我们将在遵守国际法和各国法律的前提下，继续加强多式联运，包括运用内陆国的内河水道、公路和铁路网络、陆海空港口及管道。我们鼓励借鉴国际良好实践，加强包括跨境高速光缆在内的数字基础设施，发展电子商务和智慧城市，缩小数字鸿沟。

29. 我们鼓励开展第三方市场合作、三方合作及政府和社会资本合作，欢迎企业和有关国际组织在符合各国法律法规的前提下就此作出更多努力。我们欢迎开展法务合作，包括为工商界提供争端解决服务和法律援助。

30. 我们支持各国金融机构和国际金融机构开展合作，为有关项目提供多元化和可持续的融资支持。在尊重各国国内优先事项、法律法规、国际承诺以及联合国大会在债务可持续性方面通过的有关原则的同时，我们鼓励本币融资和互设金融机构，更好地发挥开发性金融的作用。我们鼓励多边开发银行和其他国际金融机构以财政可持续的方式加大对互联互通项目的支持，并根据当地需求动员民间资本投资相关项目。

31. 为保障粮食安全和支持可持续发展，我们强调发展节水技术和开展农业创新的重要性。我们重视通过加强动植物卫生检疫合作，促进农产品贸易和投资。

32. 我们注意到附件中列出的各专业领域“一带一路”合作平台。

加强人文交流

33. 互联互通让不同国家、人民和社会之间的联系更加紧密。我们相信“一带一路”合作有利于促进各国人民以及不同文化和文明间的对话交流、互学互鉴。我们欢迎扩大人文交流的努力，包括加强青年间的交往。

34. 我们重视加强在人力资源开发、教育和职业培训方面的合作，以增强民众更好适应未来工作的能力，促进就业并提高人民生活水平。

35. 我们期待在科技、文化、艺术、创意经济、农村发展和民间工艺、考古和古生物、文化和自然遗产保护、旅游、卫生、体育等领域进一步开展交流和合作。

36. 我们欢迎各国议会、友好省市、智库、学界、媒体和民间团体加强交往，促进妇女交流和残疾人交流，并在海外劳工方面加强合作。

下一步工作

37. 我们欢迎各方同中国进一步在“一带一路”倡议下开展双边和国际合作，期待定期举办高峰论坛并举行相关后续活动。

38. 我们感谢并祝贺中国举办第二届“一带一路”国际合作高峰论坛，期待举行第三届高峰论坛。

附 件

一、由互联互通带动和支持的经济走廊和其他项目：

（1）亚的斯亚贝巴-吉布提铁路经济走廊及沿线工业园

（2）黑水隧道

（3）巴库-第比利斯-卡尔斯跨国铁路和巴库阿里亚特自由经济区

（4）文莱-中国广西经济走廊

(5) 中国-中亚-西亚经济走廊
(6) 中欧陆海快线
(7) 中国-中南半岛经济走廊，包括中老经济走廊
(8) 中国-吉尔吉斯斯坦-乌兹别克斯坦国际公路
(9) 中国-老挝-泰国铁路合作
(10) 中国-马来西亚钦州产业园
(11) 中蒙俄经济走廊
(12) 中国-缅甸经济走廊
(13) 中国-巴基斯坦经济走廊
(14) 泰国东部经济走廊
(15) 大湄公河次区域经济合作
(16) 欧盟泛欧交通运输网络
(17) 欧洲-高加索-亚洲运输走廊
(18) 中白工业园
(19) 国际南北运输通道
(20) 维多利亚湖-地中海海路航线连接计划
(21) 拉穆港-南苏丹-埃塞俄比亚交通通道
(22) 马来西亚-中国关丹产业园
(23) 中国-尼泊尔跨越喜马拉雅立体互联互通网络及中尼跨境铁路
(24) 新亚欧大陆桥
(25) 中国-新加坡（重庆）战略性互联互通示范项目：国际陆海贸易新通道
(26) 非洲北部通道（连接蒙巴萨港和非洲大湖区国家以及泛非公路）
(27) 开罗-开普敦南北通道
(28) 比雷埃夫斯港
(29) 埃塞俄比亚-苏丹港铁路互联互通
(30) 印度尼西亚区域综合经济走廊
(31) 苏伊士运河经济区

（32）北方海航道货物运输

（33）跨太平洋海底光缆

（34）越南“两廊一圈”发展规划

（35）中国-塔吉克斯坦-乌兹别克斯坦国际公路

二、专业领域多边合作倡议和平台：

（1）“一带一路”国际合作高峰论坛咨询委员会

（2）“一带一路”国际科学组织联盟

（3）廉洁丝绸之路北京倡议

（4）“一带一路”能源合作伙伴关系

（5）“一带一路”税收征管合作机制

（6）“一带一路”新闻合作联盟

（7）“一带一路”国际智库合作委员会

（8）“数字丝绸之路”倡议

（9）《“一带一路”融资指导原则》

（10）国际丝绸之路科学院

（11）“一带一路”绿色发展国际联盟

（12）《关于进一步推进“一带一路”国家知识产权务实合作的联合声明》

（13）中欧班列运输联合工作组

（14）《海上丝绸之路港口合作宁波倡议》

三、参与方提及的其他倡议和举措：

（1）非洲大陆自由贸易协定

（2）希腊发起的文明古国论坛

（3）2019 年将在智利举行的亚太经合组织第二十七次领导人非正式会议

（4）中白“一带一路”专项论坛

（5）蒙古国及其他感兴趣的国家在陆地和机场口岸设立“一带一路”通道

（6）2018 年哈萨克斯坦第一届全球丝绸之路国家市长论坛

（7）哈萨克斯坦倡议的全球丝绸之路奖

（8）蒙古国倡议奖励促进“一带一路”合作的外交官和青年学者

（9）泛阿拉伯自由贸易协定

（10）2019 年将在智利圣地亚哥举行的第 25 届联合国气候变化框架公约缔约国大会

（11）2018 年在肯尼亚举行的可持续蓝色经济会议

（12）联合国关于调解所产生的国际和解协议公约

（13）2018 年在希腊举行的联合国世界旅游组织丝绸之路旅游国际会议

（14）巴库进程框架下的世界跨文化对话论坛

（15）2018 年在埃及举行的世界青年论坛